# 2012
## Business
# Plan

# 2012 비즈니스 플랜

**초판 1쇄 발행** 2012년 1월 13일

**지은이** | 이경호
**펴낸이** | 전용준
**펴낸곳** | 보아스

**주소** | 서울시 마포구 성산1동 629-14번지 1층
**전화** | 02-332-1238
**팩스** | 02-335-1238
**이메일** | boazbook@naver.com
**ISBN** | 978-89-966167-4-0  13320

# 2012

# [비즈니스 플랜]

# Business Plan

이경호 지음

보아스 BOAZ

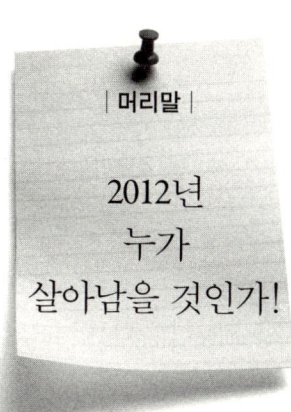

영화 〈2012〉는 고대인들의 예언대로 전 세계 곳곳에서 지진과 화산폭발, 거대한 해일 등 자연재해가 일어나면서 지구 대부분이 물에 잠겨 극소수의 인류만 살아남는다는 내용으로 개봉 당시 사람들의 많은 관심을 받았다. 영화가 허무맹랑한 픽션(fiction)을 다뤘지만 실제 올해 2012년은 영화 〈2012〉의 자연재해는 아니지만 그에 맞먹는 예측불허의 상황이 우리나라를 둘러싸고 정치, 경제, 외교, 사회, 문화 등 전 분야에 걸쳐 전개될 것으로 보인다.

나라 밖을 보자면 1월에 대만에서 치러지는 총통선거를 시작으로 러시아, 프랑스, 미국은 물론 우리나라를 포함해 전 세계 29개 나라에서 정치권력과 지도부가 교체된다. 튀니지의 재스민 혁명으로 민주화 바람이 불기 시작한 중동, 북아프리카 등지에서도 새로운 정권이 들어선다.

2007년 미국 금융시장에서 출발한 글로벌 금융위기가 2011년에도 이어지면서 미국과 유로존의 잇따른 신용등급 강등의 여파로 전 세계 경제가 저성장에서 빠져 나오지 못했다. 따라서 2012년에는 정치권력의 재편과 재정위기로 인한 정치적·경제적 혼란은 가중될 것이고 각 국에서 재정지출을 줄이게 되면 일자리는 줄고 소비는 침체될 수밖에 없을 것이다.

나라 안의 사정은 더 복잡하다. 2012년 4월에는 4년마다 돌아오는 국회의원 선거가 예정돼 있고 12월에는 다음 5년의 국운(國運)을 책임지게 될 대통령 선거가 있다. 1년 안에 총선과 대선을 다 하는 것이다. 특히 예전과는 다른 분위기 때문에 총선과 대선을 앞두고 정치판은 이합집산과 합종연횡, 물갈이로 새 판짜기가 벌어지고 차기 대권을 노리는 대선주자들의 대선레이스도 본격화될 것이다.

북한의 경우 2012년을 강성대국 원년으로 선포한 상황에서 갑작스런 김정일의 사망으로 내부에 상당한 변화가 예상된다. 특히 3월에는 서울에서 전 세계 핵보유국들이 모이는 핵안보정상회의가 예정돼 있는데 이를 전후해 북한이 도발할 가능성이 커지면서 안보지형이 요동칠 전망이다.

이런 가운데 사회적으로는 대기업과 중소기업, 정규직과 비정규직, 가진 자와 못 가진자, 부자 증세와 감세의 이분법적 갈등구조에 반값등록금, 한미 자유무역협정인 FTA, 복지를 둘러싼 논쟁은 커질 수밖에 없다.

제일 큰 문제는 경제 환경이 녹록치 않다는 점이다. 전 세계가 경기후퇴로 재진입할 것이라는 부정적 전망이 우세한 가운데 정부는 우리나라 올해 경제성장률을 3.7퍼센트로 전망하고 있다. 이는 나라에 존재하는 모든 생산자원을 최대한 활용했을 때 달성할 수 있는 잠재성장률(4퍼센트)에도 미치지 못하는 것이다. 취업자 수도 2011년의 40만 명보다 12만 명 줄어든 28만 명에 불과할 것으로 예상됐다.

우리나라는 2011년에 세계에서 아홉 번째로 무역 1조 달러(연간 수출과 수입을 합한 규모)를 돌파했지만 2012년에는 수출 증가율이 한 자리대로 하락하고 경상수지 흑자를 지탱해온 무역수지 흑자도 감소할 전망이다. 나라 경제를 지탱해온 수출과 외환보유고의 든든한 안전판이었던 무역흑자가 위축된다는 것이다. 여기에 경제성장이 주춤하고 일자리마저 줄어들면 경제에 활력이 떨어지고 기업과 서민들에도 어려움이 가중된다.

물가가 상승하고 실질소득이 감소한 탓에 가계부채는 2011년 9월 말 현재 892조 5,000억 원을 기록해, 2010년 말보다 45조 6,000억 원이 늘어났다. 이런 추세라면 2012년에는 900조 원을 넘어 1,000조 원을 넘어설 수도 있다. 가계부채를 줄이려면 질 좋은 일자리가 늘어나야 되고 현재의 일자리가 안정적이어야 한다. 하지만 경제여건이 이런 상황을 만들어주지 못할 가능성이 높고 결국 소비를 줄이게 되면 내수가 위축되며 기업들의 경영여건이 나빠진다. 기업들의 현금흐름이 나빠지고 있는 상황에서 수출둔화에 내수마저 위축되면 기업들이 투자와 고용을 주저하게 돼 경기의 악순환이 계속될 수밖에 없다.

나쁜 일만 있는 건 아니다. 2012년에는 주요 20개국(G20) 서울정상회의에 이어 국가 최대 행사 중 하나가 될 핵안보정상회의와 여수세계박람회가 개최된다. 또한 올해 수교 50주년, 40주년 등을 맞은 나라가 전 세계에 50개국에 이르면서 한·중수교 20주년, 한·중남미 수교 50주년, 한·중앙아수교 20주년 등을 맞아 양국 간에 대규모 기념행사와 비즈니스 관련 협력이 활성화될 예정이다.

또한 2012년은 60년 만에 맞이하는 흑룡의 해인 데다 각종 법, 제도가 새로 시행되고 마이스 산업 관련 행사도 다양하게 열린다.

이 책은 예년보다 대내외적으로 대형 이슈가 많고 예측이 힘든 2012년을 보낼 직장인, 사업계획을 고민하는 기업가들과 마케터, 국내외 상황을 주시하며 투자계획을 세워야 하는 금융계 조사자 등에게 좀 더 쉽게 전략을 계획할 수 있도록 월별로 경제 이슈를 구분해 정보를 제공하고 있다. 월별로 구분했기 때문에 책의 내용을 언제 어떻게 전략에 적용해야 하는지 쉽게 감을 잡을 것이다

2012년 대한민국 앞에는 국내외 정치, 외교, 경제, 산업, 사회, 문화 등 전 부문에 걸쳐 혼돈의 거센 파고가 다가오고 있다. 위기 속에서도 새로운 기회는 언제나 있기 마련이며 그 기회를 어떻게 활용하는가에 따라 생존이냐 좌절이냐, 도약이냐 후퇴냐를 스스로 결정할 수 있다. 이 책이 그 새로운 기회를 미리 준비하게 해주

는 안내서가 되었으면 한다.

하루가 다르게 변하는 세상에 살고 있는 우리에게 '10년 후', '5년 후'는 필요 없다. 롤러코스터 같을 '2012년 대한민국'을 살아남을 계획부터 준비하라.

# 1분기

# 2012

## 2012년 주목해야 할 국내외 경제 이슈

# Business Plan

이번 장에서는 시기가 정해지지 않았지만 올해 관심 있게 지켜봐야
하는 이슈를 모아 정리했다.

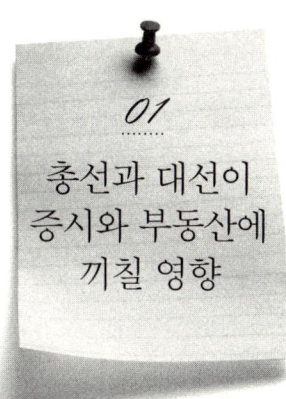

# 01

올해 2012년은 가장 중요한 정치 이슈인 총선과 대선을 한꺼번에 치르는 해이다. 따라서 정치권에서는 선심성 공약이 빗발칠 것이고 선거 때문에 돈이 막대하게 풀려 증권시장과 부동산시장에 긍정적인 영향을 미칠 거라는 기대감을 다들 숨기지 못하고 있다. 특히 시민운동가의 서울시장 당선, 안철수와 '나는 꼼수다' 열풍 등으로 대변되는 정치 변화의 바람과 기존 정치세력의 대결이라는 전대미문의 사건이 벌어지는 시기라 정치권에서는 예전보다 더 많은 선심성 공약을 내놓을 것으로 예상된다.

과거에는 총선과 대선 때 정치권의 선심성 공약으로 돈이 풀리면서 증시와 부동산시장이 요동친 적이 많았다. 하지만 정치인들의 공약(公約)은 대개 선거를 앞두고 표를 얻기 위해 남발하는 공수표에 불과했다.

실제로 한 조사에 따르면 18대 총선에서 서울과 경기지역 국회의원들이 내건 공약들이 이행됐다면 수도권에는 뉴타운이 47개, 경전철·모노레일은 21개, 특수목적 고등학교는 16개가 새로 설립됐어야 한다. 그 당시 집값 상승의 바람을 일으킨 뉴타운은 현재 부동산시장 침체와 재개발지역 주민들의 반발 등으로 사업 중단이 잇따르면서 애물단지로 전락했다.

주식시장에서는 주가가 짝수해에 떨어진다는 속설이 있지만 최근 들어서는 그렇지 않다. 2000년대 들어 홀수해에는 강세장이 되어 수익률이 좋았던 반면, 짝수해에는 약세장이 되어 수익률이 좋지 않았다.

연말을 기준으로 연초 대비 주가지수 상승률을 보면 2000년에는 -50.9퍼센트였다가 2001년에는 37.5퍼센트로 좋아졌지만 2002년에는 -9.5퍼센트로 다시 내려갔다. 2003년에는 29.2퍼센트로 반등했다가 2004년에는 10.5퍼센트로 전해에 비해 약세장을 보였다. 2005년에는 54퍼센트로 폭등했고 2006년에는 4퍼센트로 주저앉았다. 이후에도 2007년 32.3퍼센트, 2008년 -40.7퍼센트, 2009년 49.7퍼센트, 2010년 21.9퍼센트를 기록했다.

2010년에는 주가지수 상승률만 놓고 보면 2009년보다 낮았지만 연중 최고치로 마감했다. 특히 2008년부터 이어진 글로벌 금융위기로 경기의 사이클이 깨지고 신흥국 버블이 꺼질 것이라는 우려가 많았는데도 연중 최고치로 마감해 짝수해의 저주를 피하기도 했다. 홀수해인 2011년은 주가가 연중 최고치를 경신하면서 호조를 이어가다가 이탈리아, 그리스에서부터 시작된 유럽 재정위기와 그로 인해 다시 불거진 미국 재정위기의 영향으로 크게 폭락했다.

2012년에는 흑룡띠라는 타이틀이 주가에 영향을 미치지 않을 것으로 보인다. 한 증권사의 조사에 따르면, 1980년 코스피 지수가 100포인트로 출발한 이래 2010년까지 31년간 12간지 가운데 토끼띠 해(1987년, 1999년)의 평균 주가지수 상승률이 가장 높았다. 이어 호랑이띠 해(1986년, 1998년, 2010년), 닭띠 해(1981년, 1993년, 2005년), 뱀띠 해(1989년, 2001년), 용띠 해(1988년, 2000년), 원숭이띠 해(1980년, 1992년, 2004년) 등의 순이었다. 게다가 용띠 해인 1988년은 서울 올림픽이라는 큰 행사가 있어서, 2000년에는 새로운 10년이라는 밀레니엄 효과가 있어서 증시에 긍정적인 영향을 미쳤다.

전문가들은 증시의 이런 속설만 믿고 투자하다가는 큰 낭패를 본다고 입을 모은다. 실제로 주가는 짝수해여서, 용띠 해여서 오르거나 내리는 것이 아니라 전반적인 경기와 기업실적, 투자자들의 투자패턴에 따라 좌우된다. 특히 경기순환의 변동이 과거에는 5년을 주기로 움직였다가 최근에는 신제품 출시 주기가 빨라지고 럭비공처럼 어디로 튈지 모르는 소비자의 기호, 김정일 사망 같은 예기치 못한 돌발 상황이 많아지면서 심한 경우에는 롤러코스트 장세가 하루에 벌어지기도 한다.

이렇게 증시의 변수가 늘어나면서 예측이 힘드니 과거 통계만 보고 미래를 예측하는 것은 단순히 확률일 뿐이지 절대적으로 믿으면 안 된다는 지적이다.

2012년 부동산시장을 바라보는 전문가들의 입장도 마찬가지다. 역대 부동산시장 추이를 보면 선거만 있으면 주택경기 회복에 도움을 줄 것이라고 기대했지만 실제로 그 효과는 적었다. 선거라는 호재보다는 실물경기가 더 중요한 변수였던 것이다.

한 은행의 조사를 보면 1980년대 이후 대선이 치러진 해의 집값 변동률은 오히려 다른 시기보다 대체로 낮은 편이었다. 노태우 전 대통령이 당선된 1987년 12월 대선 당시 전국의 주택가격은 1년 전인 1986년 12월보다 7.1퍼센트 올랐다. 하지만 이후 1988년부터 1990년까지 주택가격이 10퍼센트 이상, 크게는 21퍼센트까지 상승한 점을 보면 1987년의 상승폭은 비교적 좁았다.

총선과 대선이 함께 치러졌던 1992년에는 12월 전국 주택가격이 전년도 12월보다 5퍼센트 떨어졌다. 고(故) 노무현 전 대통령이 당선됐던 2002년 12월 대선 때는 1년 전에 비해 전국 집값이 무려 16.4퍼센트나 급등한 전례가 있었다. 이는 2001년 12월과 2003년 12월의 전년 동월 대비 상승률인 9.9퍼센트, 5.7퍼센트보다 훨씬 높은 수치다. 하지만 2002년은 한·일 월드컵 개최로 막대한 경제효과가 파생된 해라는 점에서 당시 집값 상승세가 온전히 대선 덕분이었다고 해석하기는 어렵다. 이명박 대통령이 당선됐던 2007년 12월에도 전국 주택가격 변동률은 3.1퍼센트로 2006년 12월의 변동률인 11.6퍼센트보다 크게 낮았다.

2012년에 치러질 총선과 대선에 맞춰 정부와 한나라당뿐만 아니라 야당까지 합심해 주택경기 부양책을 내놓을 수 있다. 하지만 가계부채가 심각하고 대출 원금과 이자를 갚느라 생활고를 겪는 하우스 푸어(house poor, 무리한 대출로 집을 마련했지만 원리금 상환으로 가처분소득이 줄어 빈곤하게 사는 가구를 일컫는 말)가 전국에 108만 가구에 이르는 것으로 추정되는 상황에서 인위적인 경기부양책은 또 다른 하우스 푸어를 양산할 수 있다. 따라서 정치권의 부동산, 주택 관련 공약은 주거안정과 부동산시장 정상화에 초점이 맞춰질 것으로 보여 선거가 주는 영향력은 제한적일 것으로 보인다. 더구나 정치권이나 유권자 모두 18대 총선에서 이미 뉴타운과 재개발·재건축의 폐해를 뼈저리게 느낀 탓에 올해도 개발과 경기부양을 앞세운 공약을 냈다가는 서민이 등을 돌리는 결과를 낳을 수도 있다.

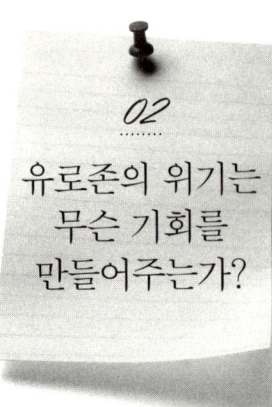

## 02
### 유로존의 위기는 무슨 기회를 만들어주는가?

정글의 법칙이 통하는 냉혹한 국제 비즈니스 세계에서 한쪽의 불행은 다른 쪽에 기회가 된다. 우리나라가 1997년 국제통화기금 (International Monetary Fund, 이하 IMF)에 구제금융을 받으면서 벌어진 이후의 상황이 대표적이다.

IMF는 우리 정부에 금리인상, 재정지출 축소, 공공 및 민간 부분에 대량감원·대량해고·인수합병 등을 통해 구조조정을 요구했다. 이를 통해 한국 정부의 재정 건전성을 확보하고 외환보유고를 확충해 근본적인 외환위기를 해소할 수 있을 것으로 판단했다.

바로 고통이 시작됐다. 대기업들은 줄줄이 무너졌고 곳곳에서 실업자가 대량으로 발생했으며 대표적인 은행이었던 조흥은행, 상업은행, 제일은행, 한일은행, 서울은행 등이 매각되거나 통폐합

됐다. 소득이 줄어든 반면, 물가는 하늘 높은 줄 모르고 치솟았으며 주가는 폭락했다. 여기에 고금리, 고환율로 서민들의 고통이 극에 달했다.

달러 확보가 최우선인 관계로 외국인투자자, 외국기업에 장벽이었던 규제들이 잇달아 풀리면서 물밀 듯이 들어온 외국자본은 흑자도산(회사가 흑자 경영을 했는데도 자금 회전이 잘 되지 않아 도산하는 일)한 국내 기업들과 부동산을 헐값에 사들였다.

최근 유럽을 휩쓸고 있는 유로존(유럽연합의 단일화폐인 유로를 사용하는 국가나 지역을 통칭하는 말)의 위기에서 한국이 기회를 찾을 수 있다는 기대는 이와 같은 쓰디쓴 경험에서 나왔다. 그리스, 스페인, 포르투갈, 아일랜드, 이탈리아 등 유럽 각국으로 확산되는 재정위기의 공통 원인은 재정적자와 국가채무 증가 외에도 취약한 재정구조, 만성적인 경상수지 적자와 불균형적인 산업구조를 들 수 있다.

유럽연합(이하 EU)과 유럽중앙은행, IMF 등 유럽 재정위기의 구세주 3인방은 하나같이 위기를 겪고 있는 나라들에 강도 높은 구조조정을 요구하고 있다.

위기를 겪는 나라들은 나라살림을 안정시키기 위해 국채를 발행하고 있지만 국채금리가 상승하고 있어 어려움을 겪고 있다. 국채는 국가에서 발행한 채권으로, 안전하지만 금리가 낮은 상품이다. 국채금리가 올라간다는 것은 그 안전성이 떨어지고 있음을 의미한다. 유로존이 향후 진정된다는 전제로 본다면 금리가 높은 지금 해당 국가의 국채를 매입할 경우 앞으로 큰 수익을 기대할 수 있다. 또한 재정위기를 겪는 과정에서 저평가된 유럽 기업들의 주식을 싸게 산 다음 비싸게 되팔거나 주요 주주가 되어 향후 경영권 확보까지 계획할 수 있다.

안전한 한국 채권에 해외 투자자들이 몰리면서 기업, 기관들의 자금조달도 쉬워질 가능성이 높다. 미국과 유럽 국가들의 국가신용등급이 하향 조정된 와중에도 우리나라의 국가신용등급은 여전히 안정적인 수준을 유지하고 있으며 외환보유고도 2011년 11월을 기준으로 3,086억 달러로 세계 8위다.

유로존의 국가는 구제금융을 받는 조건에 따라 공공부문을 민영화하고 외국자본에 대한 규제를 대폭 완화해 투자유치에 적극 나설 수 있다. 그리스의 공항과 철도, 스페인의 중대형은행, 포르투갈의 알짜 부동산, 이탈리아의 통신회사를 우리나라 기업들이 인수합병할 수 있다는 말이다. 해외 금융기관을 인수 합병해 메가뱅크(초대형 투자은행)로 도약하고자 하는 국내 금융기관은 물론 남유럽지역 진출의 교두보를 삼고자하는 기업들로서는 관심을 가질 만하다.

3조 2,000억 달러에 이르는 세계 최대 외환보유고를 가진 중국은 이미 유로존을 공략하고 있다. 유로존의 입장에서는 중국의 투자확대를 반길 수밖에 없다. 중국은 유로존의 국채를 대량 매입하고 있으며 그리스의 조선, 호텔 등에 대규모 투자를 하고 있다. 자연스럽게 유로존 내에서 지위를 더욱 공고히 하고 투자로 핵심기업의 인수합병이나 핵심기술 이전 등을 얻을 수도 있다.

물론 그렇다고 우리나라의 기업과 금융기관들이 무턱대고 유로존의 인수합병 시장에 뛰어들어서는 안 된다. 조건이 아무리 좋아도 국가부도라는 위험이 여전히 도사리고 있는 데다 유로존의 해체 가능성도 여전하기 때문이다.

유로존의 해체는 결국 유로라는 통일된 화폐를 버리고 자국 화폐를 다시 쓰겠다는 것을 의미한다. 이렇게 되면 각 나라들의 환율이 달러나 엔, 파운드에 비해 평가절하(환율 상승)되고 재정위기가 더욱 심각해져 국가 존립이 위태로울 수도 있다.

우리나라 산업은행도 2008년에 리먼브러더스를 인수하려 했다가 포기했는데 이후 리먼브러더스는 파산했다. 또한 리먼브러더스를 인수한 일본의 노무라증권은 해외사업부문에서 막대한 손실을 보고 있다. 산업은행이 리먼브러더스를 인수하려 할 때 국내에서는 하늘이 내려준 기회라고 호들갑을 떨었지만 만약 인수가 성사됐다면 '인수 후 파산 및 막대한 손실'이라는 아찔한 결과로 이어질 수도 있었다.

국내의 기업, 금융기관은 해외 인수합병을 하기 위한 자금력이나 전문성을 아직 갖추지는 못했다. 자칫 이번이 아니면 안 된다며 베팅했다가 승자의 저주(인수합병에 성공한 기업들이 경영난이나 자금난을 겪는 것)에 걸려들 수도 있다. 또한 유럽 국가의 해당 공기업이나 핵심사업의 인수과정에서 노동조합이나 현지 국민들의 반대시위, 반발에 부딪히면 어떻게 할 것인가.

위기를 기회로 만들기 위해서는 가격이 싸졌다고 무턱대고 덤비기 전에 어느 때보다 철저한 사전준비와 인수 후의 계획이 필요하다.

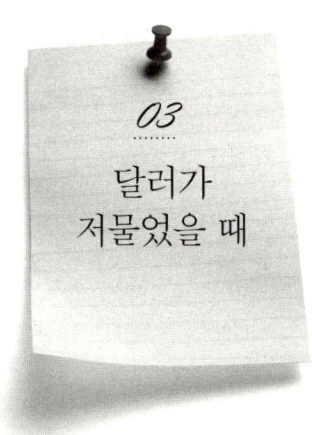

얼마 전, 필자는 중국 업체와 임가공(賃加工) 무역을 하는 한 업체의 사장을 만났다. 예전에는 중국 업체 실무자와 서로 계산기를 앞에 놓고 달러를 기준으로 원화, 위안화, 달러의 환율을 비교하면서 거래가격을 책정했다고 한다.

위안화는 사실상 고정환율이어서 문제가 없지만 원화와 달러는 시시각각으로 변해 대금지급 날짜를 언제로 정하느냐에 따라 이익이나 손실이 났기 때문이다. 그런데 요즘은 수출입 대금을 달러 대신 위안화로 결제한다고 한다.

중국이 세계의 공장에서 세계의 소비자로 탈바꿈한 것은 안정된 위안화의 힘이 컸다. 중국 정부가 인위적으로 환율을 낮추다 보니 환율이 시장에서 결정되는 해외 경쟁국에 비해 환율이 저평가되어 중국에 물건을 주문하는 바이어들에게는 이익인 셈이다.

인건비가 워낙 낮아 제품의 원가도 낮아지고 위안화마저 저평가됐으니 'Made in China'의 장점은 많다. 중국은 엄청난 수출로 달러를 긁어모아 부를 축적했고 중국인은 자국은 물론 해외에서도 큰손이 됐다.

위안화는 달러에 버금가는 안전한 화폐로 인정받게 되었고 달러 위주로 이뤄졌던 대금결제가 위안화로 전환되고 있다. 중국도 위안화의 국제화를 추진하기로 하면서 자국 은행들에 위안화로 하는 결제를 요구하고 있다. 우리나라 대한무역투자진흥공사(코트라)의 한 조사에 따르면 중국과 거래하거나 현지 법인을 둔 우리 기업 240개 가운데 무려 77.5퍼센트가 위안화 결제를 도입했거나 도입할 계획이라고 답했다.

글로벌 재정위기로 외국인 자금이 이탈해 외환위기가 우려된다는 목소리가 높아지자 우리나라는 2009년에 이어 2011년에도 통화스와프를 체결했다. 통화스와프란 '통화를 교환한다(swap)'는 뜻으로, 특정 국가가 자국의 통화와 상대 국가의 통화를 일정한 환율로 교환한 뒤 정해진 기간이 끝나면 다시 두 통화를 교환하는 것을 말한다. 달러 없이도 각자 자국 화폐를 필요한 시점에 상호 교환하는 외환거래인 셈이다. 통화스와프가 이뤄질 때는 거래를 요청한 국가가 빌려주는 국가에 이자를 지급해 보상한다. 우리나라는 미국, 일본과는 달러를 기준으로 통화스와프 협정을 체결했는데 중국과는 위안화를 기준으로 했다. 이는 한국 원화와 중국 위안화를 서로 교환하자는 것으로 달러를 갖고 있지 않아도 외환 보유액을 늘리는 효과를 볼 수 있다.

중국은 위안화의 국제화를 단계적으로 인접국, 아시아, 세계로 확대하는 전략을 꾸준히 밀고 있다. 2011년 상반기에는 중국 전체 무역의 8.9퍼센트인 9,575억 7,000만 위안이 위안화로 결제됐다. 아세안 10개국과는 아예 위안화로 무역 결제를 하자는 협정을 추진 중이다. 이렇게 되면 아세안 국가의 기업들은 홍콩을 통하지 않고 자국 은행에서 자국 화폐를 위안화로 직접 환전해 무역 결제를 하게 된다. 위안화가 동아시아 지역의 화폐로 부상하는 중요한 계기가 되는 것이다.

위안화와 더불어 각광받고 있는 것이 '금'이다. 금의 가치가 상승한 계기는 그동안 세계를 지배해온 미국 달러의 위상이 계속 추락했기 때문이다.

달러가 세계를 지배하기 전에 영국의 파운드가 그 위치에 있었다. 파운드는 1차 세계대전 발발 무렵까지 기축통화 역할을 했다. 기축통화란 국제간 결제나 금융 거래를 하는 데 기본이 되는 화폐를 말한다. 1944년 브레턴우즈 체제(달러를 주거래통화로 삼고 고정환율제를 골격으로 하는 2차 세계대전 이후 국제 금융 질서를 말하는데 달러만이 금과 일정한 비율로 바꿀 수 있고 각국 통화가치는 미국 달러와 비율을 정하는 체제)가 마련되면서 파운드가 달러에 기축통화의 자리를 물려주는 데 30년가량이 걸렸다.

미국은 막강한 군사력과 안정된 정치기반 그리고 달러의 힘으로 세계를 지배해왔다. 달러는 2차 세계대전 이후 전 세계의 기축통화로서 지위를 굳건히 유지했다. 그러나 현재의 미국은 막대한 재정적자를 빚을 내서 돌려막다 보니 달러를 무한정 찍어대기에 바쁘다.

달러가 저문다면 그동안 새로운 기축통화로 부상해온 유로가 그 자리를 대신해줘야 하는데 지금 유로를 쓰는 그리스, 아일랜드, 이탈리아, 스페인, 포르투갈 등 주요 국가들이 위기에 빠졌다. 문제는 국가마다 사정이 다른데도 단일통화를 쓰다 보니 득은커녕 오히려 피해를 보는 나라가 생긴다는 점이었다. 독일만 놓고 보면 유로는 여전히 건재할 텐데 위기에 몰린 다른 나라들 때문에 유로의 가치가 떨어지고 그 피해를 엉뚱한 나라의 국민들이 고스란히 겪는 것이다. 1999년 1월 EU의 역사적인 통화통합으로 화려한 스포트라이트를 받았던 유로가 지금은 해체설까지 나온다. 해체설은 유로화를 쓰기 이전의 자국화폐로 돌아가자는 말이다.

이처럼 화폐를 믿지 못하는 세상이 되니 다들 눈길이 가는 것은 결국 금밖에 없게 됐다. 화폐도, 주식도, 예금도 믿지 못할 때 가장 믿을 만한 것이 바로 금이다. 금은 '법정 화폐(법률상 강제 통용력과 지불능력이 주어진 화폐)'가 아닌데도 돈과 같은 역할을 하고 있는 '그림자 화폐'다.

일반적으로 금 가격은 달러의 가치와 반대로 움직인다. 달러가 강세가 되면 금 가격이 하락하고 달러가 약세이면 금 가격이 오른다. 이렇듯 외환과 금융 시장이 불안할수록 세계 어디서나 가장 안전한 자산인 금을 찾기 마련이다.

여러 나라가 금 매입을 서둘렀고 급기야 13년 만에 처음으로 우리나라 중앙은행인 한국은행도 2011년에 여러 차례에 걸쳐 금 40톤을 매입해 전체 54.4톤으로 늘어났다. 세계금협회에 따르면 전 세계에 존재하는 금의 양은 약 16만 4,000톤이다. 이 중 3만 2,000톤(약 20퍼센트)을 세계 각국의 중앙은행이, 나머지는 개인과 기업들이 장신구·동전·금괴 등의 형태로 보유했다고 추정한다. 국가별 금 보유량은 2011년 3분기를 기준으로 미국이 8,133.5톤으로 부동의 1위를 지키고 있다. 그 뒤를 독일이 3,401톤, IMF가 2,814톤, 이탈리아가 2,451.8톤, 프랑스가 2,435.4톤, 중국이 1,054.1톤, 스위스가 1,040.1톤, 러시아가 836.7톤, 일본이 765.2톤, 네덜란드가 612.5톤으로 순위 자리를 차지하고 있다.

금이 안전한 자산이라면 가격은 갑자기 큰 폭으로 오르거나 내리지 말아야 한다. 하지만 국제 시장이 워낙 크게 변동하다 보니 금 가격도 상승세를 이어가는 와중에 급등락을 거듭하고 있다. 금 수요가 집중적으로 몰리자 투기성 자금들이 금 수요를 촉발시켰다가 금을 다시 팔면서 시세차익을 거두는 일이 반복되기 때문이다. 일각에서는 금이 안전자산이 아니라 위험자산이라는 평가도 한다. 그러나 달러, 유로의 앞날이 어두운 상황에서 금은 향후에도 계속 가격이 상승할 것으로 보인다.

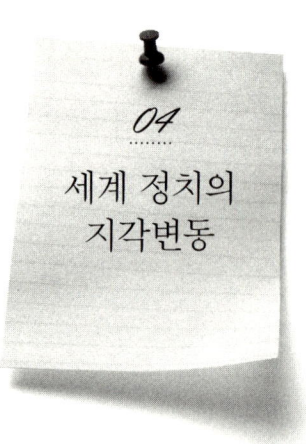

## 04
### 세계 정치의
### 지각변동

　지난 2010년 12월, 북아프리카 튀니지의 작은 도시 시디부지드
에서 한 과일 노점상이 단속에 걸려 좌판을 빼앗겼다. 가족의 생
계를 책임지고 있던 그는 선처를 호소했지만 경찰은 냉정했다. 결
국 그는 분신자살했다. 그의 죽음으로 시작된 재스민 혁명(2010년
부터 2011년까지 튀니지에서 일어난 혁명을 튀니지의 국화인 재스민에
빗대어 부름)은 대규모 반정부시위의 불길로 옮겨 붙었고 마침내
2011년 1월, 23년간 장기집권한 지네 엘 아비디네의 독재체제는
무너졌다.

　튀니지에서 시작된 재스민 혁명의 불길은 곧 아랍, 북아프리카
에 '아랍의 봄'으로 불리는 민주화 운동으로 번졌다. '아랍의 봄'
은 튀니지에서 시작돼 이집트 등 북아프리카 및 아랍에서 발생한

반정부 봉기를 뜻하는 말로, 1968년 체코에서 벌어졌던 개혁운동인 '프라하의 봄'에서 따왔다.

'아랍의 봄'은 먼저 이집트로 옮겨가, 30년간 철권통치를 자랑해오던 호스니 무바라크 대통령의 실권으로 이어졌다. 이는 다시 리비아로 번졌고 42년간 절대 권력자였던 무아마르 알 카다피가 반군에 의해 비참한 최후를 맞으며 막을 내렸다. 예멘을 33년간 통치한 알리 압둘라 살레 대통령도 권좌에서 물러났다. 시리아는 바샤르 알 아사드 대통령과 반정부 시위대 간에 유혈사태가 끊이지 않고 있다.

그러는 사이 전 세계 재정위기를 야기한 유럽의 주요 나라들도 국가 재정위기, 재정파탄을 불러일으킨 집권당과 정부에 성난 민심이 들끓으면서 정권교체가 이루어졌다. 소위 피그스(PIIGS, 포르투갈·이탈리아·아일랜드·그리스·스페인 등 남유럽 5개국을 가리키는 말) 국가들의 정권이 우파든 좌파든 모두 바뀌었다.

2010년에 처음으로 재정위기가 시작된 아일랜드는 구제금융 지원에 국민들이 반발해 총선이 조기에 치러졌고 야당인 통일아일랜드당이 정권을 잡았다. 포르투갈은 2011년 6월 총선에서 집권당이 패배해 정권교체가 이뤄졌고 그리스와 이탈리아는 경제실정(失政)의 책임을 지고 현직 총리가 물러났다. 스페인은 2011년 11월에 야당인 국민당이 압승을 거두며 7년 반 만에 사회당으로부터 정권을 되찾아왔다. 스페인 총선은 3년 넘게 지속되는 경제위기와 21.5퍼센트를 넘는 살인적인 실업률로 인해 여당의 패배가 일찌감치 예상됐었다. 그러나 유럽 각국의 정치권력이 바뀌어도 당장 경제가 나아질 가능성은 적다.

아랍, 북아프리카 국가들에서도 리비아와 이집트, 튀니지의 독재자들이 모두 축출됐다. 특히 리비아는 철권통치자 카다피가 사망하면서 정권교체의 바람이 일었다. 국왕의 권력을 제한하는 개헌을 이룬 모로코는 총선에서 온건이슬람주의정당이 승리했고 이집트는 사상 처음 자유선거가 치러졌다. 예멘은 2012년 2월에 대선을 치르기로 했다.

'아랍의 봄' 그리고 유럽 5개국의 정권교체는 끝이 아닌 새로운 시작을 알리는 신호탄이다. 독재정치가 막을 내렸어도 아랍, 북아프리카가 국가재건과 민주화를 이루기에는 갈 길이 멀다. 이들 나라는 시민들이 독재권력에 반기를 들어 정권을 무너뜨렸지만 그간 민주화의 경험이 전혀 없는 데다 경제도 망가질 대로 망가져서 경제재건과 민주화를 동시에 추진해야 한다. 또 부족과 종파의 차이로 인한 갈등도 있다. 정권교체와 민주화의 혼란한 시기에 군부세력이 정권을 잡을 가능성도 있고 군부세력에 기대어 정권을 잡으려는 세력도 등장할 수 있다.

아랍 및 유럽에서 피어오른 국민들의 분노는 미국에서 월가 점령(Occupy Wall Street) 시위로 이어졌다. 2011년 9월에 시작된 월가 시위는 '뉴욕의 가을'로 불리는데, 국민의 혈세로 2008년 금융위기에서 기사회생한 대형 금융회사들이 보너스 잔치까지 하는 등 월가가 벌이는 상식 이하의 행태에 시민들이 분노해 일어서면서 비롯됐다. 이는 곧 일본, 호주, 영국 등 전 세계 주요 도시에서 동시 다발적으로 진행되었고 한국에서도 반금융자본, 산업자본 시위가 이어졌다. 처음에 금융자본을 공격하던 차원을 넘어 생존권을 요구하는 사회운동(Movement)의 형태로 진화하고 있다.

더 큰 문제는 2012년이 최근 수십 년 만에 한 번 올까 말까 할 정도로 세계적인 권력재편기의 해라는 점이다. 2012년에는 전 세계 30여 개 국에서 대통령선거와 총선, 지방선거가 예정되어 있다. 대통령선거로 국가 지도자가 바뀌고 총선과 지방선거로 의회와 지방정부가 대거 물갈이되는 것이다.

우선 가장 먼저 1월에 치러지는 대만 총통선거는 재선을 노리는 마잉주 현 총통과 제1야당인 민진당 차이잉원 주석, 제3의 후보인 쑹추위 친민당 주석 등 3파전 양상이다(국가원수를 총통이라 부르는 나라는 대만이 유일하다). 대만의 총통선거는 대체로 중국과의 관계가 가장 큰 관심사다. 새로운 대만총통의 중국정책에 따라 중국과 대만 간의 관계가 달라지고 이는 동아시아의 지정학적 안정에도 중요한 영향을 끼친다.

대만의 총통선거가 끝나면 블라디미르 푸틴의 귀환이 사실상 점쳐지는 러시아 대선이 3월에 있고 니콜라 사르코지 현 대통령의 재선 여부가 관심인 프랑스 대통령선거가 4월에 치러진다. 중국은 10월에 제18차 전국대표대회와 2013년 3월 전국인민대표회의를 거쳐 시진핑 부주석과 리커창 총리 체제의 등장이 예상되는데 이 체제가 향후 10년간 중국을 이끈다. 미국은 버락 오바마 대통령이

11월 연임의 심판대에 오른다.

　세계 경제위기의 진원지인 유로존에서는 앞서 말한 프랑스를 비롯해 핀란드, 스페인, 아일랜드, 터키, 슬로베니아에서 대선이 예정돼 있다. 2013년에는 그리스 총선과 이탈리아 대선, 독일 총선이 기다리고 있다. 선진국으로 도약을 준비 중인 멕시코와 인도의 지도자도 바뀐다. 반미 진영을 이끄는 이란이 총선을, 베네수엘라는 대선으로 우고 차베스 대통령의 장기집권체제가 공고화된다. 아프리카의 말리, 시에라리온, 소말리아가 총선과 대선이 그리고 홍콩은 행정수반 선거가 예정돼 있다. 루마니아(지방선거), 우크라이나(총선), 스코틀랜드(지방선거)도 선거가 예정돼 있다. 우리나라는 4월 총선에 이어 12월에 대선이 있어 정치권력의 재편을 둘러싼 갈등과 대립이 그 어느 때보다 심해질 전망이다.

　대체로 총선과 대선이 치러지는 해에는 정권을 유지하려는 쪽과 정권을 탈환하려는 쪽 사이에서 민심을 아우르기 위한 싸움이 펼쳐진다. 성장이냐 복지냐, 재정긴축이냐 재정확대냐는 물론 증세와 감세, 물가, 금리 등의 각종 정책에 대립과 갈등이 커질 수밖에 없다.

　전문가들은 세계경제가 향후 2, 3년간은 현재의 재정위기 상황을 이어갈 것으로 본다. 일각에서는 각국의 선거가 오히려 경제를 악화시킨다는 주장을 하고 또 한쪽에서는 그간의 역사를 보면 경제위기를 야기한 정치권력은 선거로 교체된다는 주장도 한다.

　세계는 말 그대로 지구촌이다. 한 나라의 문제가 바로 전 세계의 문제로 확대되고 한 나라의 정치·경제 리더십이 전 세계 정치와 경제를 좌우하기도 한다. 2012~2013년에 연출될 전 세계 정권 개편의 대장정 드라마가 어떤 결말을 낼지 놓치지 말아야겠다.

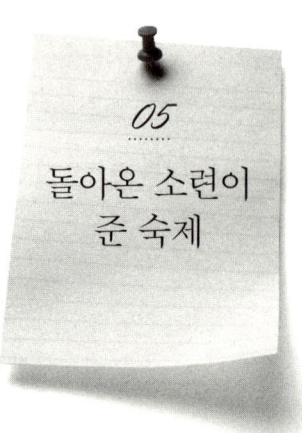

05
돌아온 소련이
준 숙제

재정위기의 여파로 유로존의 해체론이 불거지고 있는 사이, 유라시아(유럽과 아시아)대륙을 호령하며 70년의 역사를 자랑해왔던 소련이 해체한 지 20년을 넘어서면서 부활의 움직임을 보이고 있다. 과거 정치, 경제, 군사, 외교 등을 일원화한 연방국가가 아니라 유럽연합처럼 정치, 외교, 군사 등이 독립된 국가들로서 경제만을 통합하자는 구상으로 말이다.

소련에 포함됐던 15개국은 현재 모두 공식적으로는 시장경제체제를 취하고 있다. 소련의 해체로 독립한 공화국 가운데 발트 3국(에스토니아, 라트비아, 리투아니아)을 제외한 12개국은 독립국가연합(Commonwealth of Independent States, 이하 CIS)이라는 연합체 혹은 동맹을 만들었다. 결성 당시에는 러시아, 몰도바, 벨라루스, 아르메니아, 아제르바이잔, 우즈베키스탄, 우크라이나, 카자흐스탄, 키르기스스탄, 타지키스탄, 투르크메니스탄 등이 회원국이었는데 조지아(그루지야 옛 이름)가 1993년 10월에 가입했다가 2008년 러시아와의 전쟁 후 탈퇴했고 투르크메니스탄은 2005년에 탈퇴한 후로 준회원국으로 참가하고 있다. 현재 회원국은 10개국이다.

소련의 부활에 앞장선 사람은 러시아 대권을 다시 잡아 새로운 차르(황제)에 오를 것으로 보이는 블라디미르 푸틴 총리와 러시아, 카자흐스탄, 벨라루스 등 3개국이다. 이들 3개국은 이미 지난 2000년에 키르기스스탄과 타지키스탄 등 2개국을 정회원국으로 추가해 공동경제구역 창설을 목표로 한 유라시아경제공동체(Eurasian Economic Community, 이하 EurAsEC)를 창설했다. 하지만 EurAsEC가 유명무실한 데다 다른 CIS 국가들의 참여가 저조하자 아예 그림을 더 키웠다. 바로 경제통합을 가장 원하고 있는 러시아, 카자흐스탄, 벨라루스 등 3개국을 중심으로 경제통합을 이룬 다음 다른 옛 소련의 국가들을 끌어들여 유럽연합과 유사한 경제공동체, 가칭 '유라시아 연합(Eurasian Union, 이하 EAU)'을 창설한다는 구상이다. EAU는 소속 국가 간 상품, 노동, 자본의 이동을 자유롭게 하며 단일 경제정책 및 통화정책을 실현하고 단일통화 도입까지 목표로 하고 있다. 사실상 경제 분야에서 옛 소련의 부활을 추진하겠다는 것이다.

이를 위한 전 단계로 러시아, 카자흐스탄, 벨라루스 3국은 2012년 1월부터 '단일경제공동체(Common Economic Space, 이하 CES)'

를 출범시켜 관세장벽을 없애고 자본과 노동의 자유로운 이동을 보장할 계획이다. 이들 3개국은 관세동맹위원회가 정한 수입물품에 공동 관세를 적용하는데 의류, 식료품, 자동차 등 약 1,850개 상품의 관세가 폐지 또는 조정되며 나머지 품목은 러시아가 현행 적용하는 관세율을 그대로 유지한다. 3국의 CES는 옛 소련 인구의 60퍼센트에 해당하는 1억 6,500만 명의 공동시장, CIS 내 국가경제의 80퍼센트 이상을 차지한다.

러시아에서는 한발 더 나아가 2015년에 EAU 출범이 가능할 것으로 보고 있다. EAU 구상에 옛 소련 국가들의 반응도 긍정적이다. 옛 소련 15개 공화국 가운데 이미 서방권으로 편입된 발트 3국을 제외하고 EAU에 소극적이거나 비판적인 나라는 조지아와 우즈베키스탄, 아제르바이잔 등 3개국뿐이다.

2012년은 러시아에 있어 옛 소련의 부활과 함께 18년 만에 전 세계에 경제의 문호를 여는 중요한 해이다. 2011년 12월, 18년에 걸친 협상 끝에 세계무역기구(이하 WTO)의 154번째 회원국으로 공식 가입한 러시아는 자국 내에서 이를 비준하는 절차가 마무리되는 2012년 상반기 중에 WTO 회원국이 된다. 1993년에 WTO 가입을 신청한 러시아가 공식 회원국이 되면서 WTO는 전 세계 무역의 99퍼센트를 관장하게 됐다.

WTO는 회원국들 간의 무역관계를 정의하는 협정들을 관리·감독하는 기구이다. 1947년에 시작된 관세 및 무역에 관한 일반협정(General Agreement on Tariffs and Trade, 이하 GATT) 체제를 대신해 세계무역질서를 세우고 우루과이라운드 협정의 이행을 감시하기 위해 등장했으며 세계 무역의 장벽을 줄이거나 없애려는 목적을 갖고 있다. WTO 가입은 수입관세를 낮추고 제조, 서비스, 유통 등에서 외국인의 투자를 허용하도록 조치해야 함을 뜻한다. 러시아와 무역, 투자 등에서 관계가 깊은 나라일수록 러시아의 WTO 가입으로 받는 혜택이 크다.

러시아는 WTO 가입으로 국제무대에서 정치적 · 경제적 위상이 제고되고 시장경제가 제도적으로 완성되며 경제통상의 지평이 확대된다. 특히 미국, EU를 비롯한 약 30개국에서 받던 차별조치가 폐지돼 수출환경이 개선되고 교역규모가 대폭 증가해 러시아가 다시 경제대국으로 부상하는 데 중요한 계기로 작용된다. 또한 국제 정치 · 안보 분야에서 UN 안보리 상임이사국이자 G8의 일원이며 국제 경제 분야에서 WTO 회원국이 되었으니 이제 새로운 질서의 설계자이자 행위자가 되려고 할 것이다.

WTO 가입 이후 러시아의 중장기 경제발전 전망은 매우 밝다. 향후 10년 안에 구매력을 평가기준으로 세계 5대 경제대국에 진입할 것으로 전망된다. 2010년 러시아의 GDP는 1조 475억 달러로 세계 GDP의 2.45퍼센트를, 교역액은 6,732억 달러(수출 4,000억 달러, 수입 2,732억 달러)로 전 세계 교역량의 2.12퍼센트를 차지했다. 러시아과학원에 따르면, 러시아는 2030년에 세계 GDP의 3.7퍼센트를 점유해 GDP 규모에서 중국, 미국, 인도 다음인 세계 4위에 오르고, 1인당 GDP는 4만 5,900달러에 달할 것으로 전망된다.

러시아의 WTO 가입으로 한국의 실질 GDP 및 러시아 수출증대 효과가 단기적으로 크지는 않겠지만, 러시아 직접투자는 현저히 확대될 것으로 예상된다. 지금 필요한 것은 초강대국으로 성장하는 러시아와 소련의 부활에 대응하는 우리 정부와 기업들의 전략이다. 그동안 우리나라는 러시아와 정치, 외교, 군사 분야는 교류가 적은 반면에 경제교류는 많았다. 앞으로는 정치, 외교, 군사, 경제 등을 구분하지 말고 관계를 가질 필요가 있다.

러시아는 앞으로 국제화 및 글로벌 스탠더드의 추세에 나설 수밖에 없으니 우리로서는 이를 적극 활용해야 한다. 러시아의 막대한 에너지자원을 확보해야 하고 남·북·러 가스관 건설, 전력망 사업, 대륙철도 연결 등 물류교통 연계사업도 경제논리로만 풀어갈 수 없다. 러시아에 대한 경제협력도 유망 수출품목 발굴, 러시아의 에너지 수입 및 서비스 교역확대, 상호 수평적 투자협력 추진, 극동지역 개발협력 강화 등이 필요하다.

러시아는 2012년 9월에 우리나라를 포함한 아시아태평양경제협력체(Asia-Pacific Economic Cooperation, 이하 APEC) 정상회의를 블라디보스토크에서 개최한다. 러시아는 이를 통해 아시아태평양 지역과 경제협력 기반을 공고하게 만들려고 할 것이다. 그리고 아시아태평양 지역의 경제성장을 자국의 성장 동력으로 활용하기 위해 아세안 국가들과 경제통합 프로젝트를 중점적으로 추진할 계획이다.

우리나라는 상반기 러시아의 WTO 가입과 APEC 정상회의에 앞서 새로운 러시아 전략을 마련하고 이를 바탕으로 러시아와 새로운 관계를 정립하는 데 노력해야 한다. 그동안 시선을 주로 바로 위(북한, 중국)와 양옆(유럽, 미국, 일본)만 봤다. 이제는 그 시선을 유라시아로 더 멀리 더 높게 더 크게 봐야 할 때다.

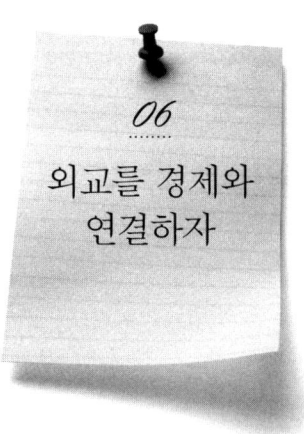

## 06
## 외교를 경제와
## 연결하자

　개인이나 기업들이 치르는 행사 중에는 다른 때보다 의미가 깊어 좀 더 성대하게 준비하는 행사가 있다. 생일이든 만남을 기념하든, 추모행사든 10년째가 되는 해의 행사가 그러하다. 부부라면 결혼 7주년보다는 10주년, 20주년을 더 중요하게 여기고 기업이라면 창립 49주년보다는 50주년, 99주년보다는 100주년을 더 의미 있게 여긴다.

　이는 국가와 국가 간에도 마찬가지다. 수교를 맺은 지 10년, 20년, 50년이 되는 해는 그동안 두 나라 간의 친교를 돌아보고 다음 10년, 다음 50년의 관계를 재정립하는 계기로 삼는다. 따라서 수교 10주년이나 20주년 기념 해가 되기 1, 2년 전부터 정상 간에, 정부 간에, 기업 간에 다양한 행사를 준비하고 서로 자국에 이익이 되는 범위 내에서 외교, 통상, 산업, 교육, 문화 등 다방면에 걸쳐 협력과 교류의 폭을 넓히게 된다.

우리나라 외교 역사에서 2012년이 바로 그러한 해다. 우리나라는 전 세계 192개국 가운데 북한, 마케도니아, 시리아, 코소보, 쿠바 등을 제외한 187개국과 수교를 체결하고 있다. 대만은 우리나라가 1992년에 중국과 수교하면서 단절되었다.

우선 1962년에 수교를 체결해 올해 50주년을 맞는 나라는 28개국에 이른다. 주로 중남미국가들과 수교가 많았는데 아르헨티나, 칠레, 콜롬비아, 파라과이, 코스타리카, 도미니카공화국, 에콰도르, 엘살바도르, 과테말라, 아이티, 온두라스, 자메이카, 멕시코, 니카라과, 파나마 등이다. 이외에도 이란, 이스라엘, 요르단, 모로코, 사우디아라비아, 부르키나파소, 가봉, 마다가스카르, 세네갈, 시에라리온, 뉴질랜드, 룩셈부르크, 아이슬란드 등이 있다.

중남미는 경제, 무역, 투자 분야에서 우리와 활발하게 협력하지 않았지만 정치적 안정과 막대한 자원의 개발 그리고 자국 경제가 살아나면서 글로벌 재정위기로 휘청거리는 세계 경제에 새로운 돌파구가 되고 있다. 중남미 각국 정부는 적극적인 경기부양책과 자국의 산업보호 및 무역수지개선을 위한 수입규제강화 정책을 병용하고 있으며 이들 국가의 기업들은 인수·합병으로 회사 규모를 키우고 투자확대로 인한 사업영역 확장 등 체질 개선에 힘쓰고 있다.

2012년에 우리나라와 수교 53주년을 맞은 브라질은 중남미 국가

중 경제상황이 가장 양호하다. 특히 2014년 월드컵과 2016년 '제31회 리우데자네이루 올림픽'의 개최지로 인프라 확충 움직임이 활발하다. 2007년부터 시작한 브라질 심해유전 개발사업과 관련해서 조선 기자재 수출 등과 관련한 우리 기업의 진출이 기대된다.

콜롬비아는 자동차의 현지 관세율(승용차 35퍼센트, 상용차 15퍼센트)이 높아 우리 기업의 가격경쟁력이 상대적으로 떨어지지만 올해 한·콜롬비아 FTA(자유무역협정) 체결이 성사되면 직접적인 혜택을 볼 수 있다.

우리나라는 수교 50주년을 맞은 중남미국가들과 반세기를 넘어 또 다른 반세기를 향한 새로운 관계를 모색하는 데 주력할 것으로 보인다. 단순히 수교기념 행사를 넘어 양국 간 경제적 협력관계의 수준을 한 단계 끌어올리고 상호 무역과 투자를 확대하는 방향에서 다양한 협력과 교류활동을 가질 예정이다.

중남미에 이어 주목받는 곳은 수교 20주년을 맞은 중앙아시아 지역이다. 1992년에 카자흐스탄, 우즈베키스탄, 키르기스스탄, 투르크메니스탄, 조지아 등 중앙아시아와 동유럽(벨라루스, 우크라이나, 몰도바, 아르메니아, 아제르바이잔, 타지키스탄, 슬로베니아, 크로아티아) 등과 수교를 맺었고 베트남, 남아프리카공화국, 앙골라와도 친교를 맺었다. 서사모아는 우리나라와 1972년에 수교해 2012년에 40주년을 맞는다. 대부분 아직까지 우리와 협력의 폭이 좁다.

중남미가 신흥개발국가라면 중앙아시아는 미개척지이면서도 자원이 풍부한 나라가 많다. 그래서 중앙아시아를 신(新) 실크로

드라고 부른다.

중앙아시아는 지정학적으로 매우 중요하며 자원도 많고 성장잠재력도 높다. 이들 나라는 에너지자원의 수출을 기반으로 2000~2010년 연평균 7~8퍼센트의 높은 경제성장률을 기록했고 향후 10년간 5퍼센트 내외의 안정적인 성장세를 보일 것으로 전망된다.

석유와 천연가스, 광물 등 자원의 수출이 중앙아시아 전체 수출의 70퍼센트 이상을 차지할 만큼 자원의존도가 높은데 아제르바이잔, 카자흐스탄, 투르크메니스탄의 경우 에너지, 광물의 수출비중이 전체 수출의 각각 92퍼센트, 81퍼센트, 81퍼센트에 이른다. 카자흐스탄, 우즈베키스탄, 아제르바이잔에는 석유가 전 세계 매장량의 3.6퍼센트, 가스는 6.9퍼센트가 매장되어 있고 광물자원(우라늄, 금, 희토류 등)도 추정하기 어려울 정도로 많다.

당연히 인접한 중국, 러시아, 유럽연합은 물론 일본도 진출을 서두르고 있다. 이러한 변화 속에서 한·중앙아시아 수교 20주년은 우리가 적극적으로 진출방안을 모색하고 우리 고유의 경제협력모델을 제시할 수 있는 적기가 된다. 정부 간 협력이 강화되고 인적·문화적 네트워크가 구축되면 중앙아시아에서도 충분히 한류바람이 불 수 있다. 중앙아시아에서 사업하고자 하는 기업이나 개인에게는 새로운 모멘텀이 될 것이다.

중앙아시아 국가 가운데서도 카자흐스탄과 우리나라는 친분이 두텁다. 양국 정상은 2008년부터 매년 정상회담을 가져왔는데,

2010년에는 '카자흐스탄의 해'를 맞이해 카자흐스탄 대통령이 방한했고 2011년에는 '한국의 해'를 맞이해 이명박 대통령이 카자흐스탄을 방문했다. 그해 10월에는 '한국의 해'를 기념해 알마티 한국교육원에서 제1회 카자흐스탄 한류페스티벌이 열려 성황을 이뤘다. 2012년에는 '2012년 핵안보 정상회의' 때 카자흐스탄 대통령이 다시 방한할 예정이다.

그렇게 되면 양국은 5년 연속 정상회담을 갖는 것이다. 양국은 석유화학발전소, 지식공유사업, 중소기업 및 농업육성 등에서 협력을 강화하고 있으며 2012년에는 '시베리아-몽골-카자흐스탄 알타이 친선특급열차' 사업도 추진한다.

우즈베키스탄에는 예전 대우그룹에서 자동차가 진출해 이미 대우라는 브랜드가 국가브랜드보다 먼저 유명해졌다. 현지 골프장은 한국인이 건설했고 한류바람도 세다. 고려인 18만 명이 연해주에서 거주하다가 스탈린의 강제이주정책 때문에 중앙아시아 지역으로 이주했는데 현재 우즈베키스탄에 고려인 20만 명 이상이 살고 있는 것으로 알려졌다.

양국은 가스전 사업과 나보이경제특구 활성화 사업, 국제공항과 광물자원개발, 섬유사업, 농업 등에서 협력하고 있다. 나보이경제특구는 우즈베키스탄 정부가 나보이 공항 인근을 중앙아시아의 물류 허브 및 첨단 수출산업단지로 육성하고자 추진하고 있는 자유무역지구이다.

우리 정부는 2012년에 중앙아시아 지역에서 한국 연예 엑스포를 개최하는 방안을 추진 중이다. 드라마, 영화, 가요에서 분 한류바람이 중앙아시아와 자원개발에 치중했던 경제협력분야를 다변화하고 대상국가의 저변도 넓혀갈 것으로 기대된다.

1992년은 현재 세계경제 2위의 대국이자 우리나라의 최대 무역국이며 투자 상대국인 중국과 정식으로 수교를 맺은 해이다. 양국은 수년 전부터 국가 차원에서 한중 수교 20주년 이벤트를 대대적으로 준비하고 있다. 양국은 이미 양국 간 '전략적 협력동반자관계'의 발전 계기가 되도록 노력한다는 데 합의한 바 있다.

1992년 수교 이후 양국 간 교역규모는 30배 이상 증가했고 우리나라는 전체 무역흑자보다 많은 흑자를 중국에서 내고 있다. 한국을 방문한 중국인 수도 200만 명을 넘어설 전망이다.

경제교류가 비약적으로 커진 만큼 외교관계를 새롭게 구축해야한다는 목소리도 높다. 중국은 북한, 한반도, 6자 회담, 북핵문제등만 나오면 우리보다는 북한의 편을 들어줬다. 우리로서는 수교20주년을 맞이해 중국과의 우정을 한 단계 업그레이드시키고 경제에서 전 방위 협력을 강화해야 한다. 이런 전략적 동반자관계가외교 분야에서도 이어질 수 있도록 관계를 재정립해야 한다.

이와 더불어 19세기 말 조선에서 체결했던 소위 수호조약으로미국, 영국과는 130주년이 된다. 1892년에 조오수호통상조약을 맺은 오스트리아와는 120주년이 되고 덴마크와는 1902년에 체결해110주년이 된다.

현대의 외교는 단순한 외교로 그치지 않고 비즈니스로 발전한다. 비즈니스외교, 자원외교, 실리외교가 점점 절실해지고 있다.

2012년에 맞이할 외교의 해가 국가 차원은 물론이고 기업들에도 다시 못 올 비즈니스 기회의 장(場)이 돼야 할 것이다.

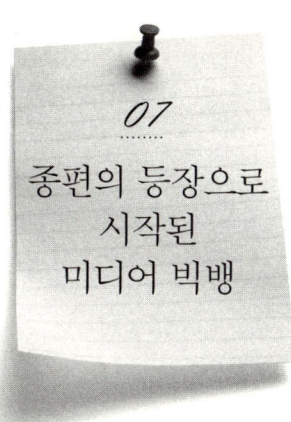

# 07

# 종편의 등장으로
# 시작된
# 미디어 빅뱅

2011년 12월 1일부터 송출을 시작한 종합편성채널(이하 종편) 4
개와 보도채널 1개를 두고 '미디어 빅뱅의 서막'이라는 긍정적 평
가와 '찻잔 속 태풍'이라는 부정적 평가가 엇갈리고 있다.

　종편은 영화, 교양, 드라마, 다큐멘터리, 뉴스, 스포츠 중에서
한 가지 분야만을 할 수 있는 케이블채널과 달리 말 그대로 모든
분야의 프로그램을 방송할 수 있는 채널을 말한다. 종편이 KBS,
MBC, SBS 같은 지상파 방송과 다른 부분은 지상파가 아닌 케이
블이나 위성 TV로만 송출한다는 점이다.

　채널번호도 지역마다 차이는 있지만 대부분 《중앙일보》의 종편
채널 JTBC는 15번, 《매일경제》의 MBN은 16번, 《동아일보》의 채
널A는 18번, 《조선일보》의 TV조선은 19번에서 시청할 수 있다.

보도전문채널 사업자인 연합뉴스의 뉴스Y는 23번 채널이다.

20번 이내의 황금 채널로 출범한 종편에 극단적인 평가가 나오는 이유는 '종편을 어떤 잣대로 보는가' 하는 관점의 차이에서 비롯된다. 우선 종편사업자에 대한 시각의 차이다. 종편사업자는 모두 보수성향의 종합지 1~3위, 경제지 1위의 사업자들이 최대주주로 참여했다(발행부수와 매출액 기준). 이 때문에 진보진영과 진보성향 매체들은 종편이 사업자 선정부터 채널 배정, 24시간 방송과 중간광고 허용 등에 이르기까지 정부의 특혜를 받았다고 주장하고 있다.

반면 사업자들은 정부의 미디어산업육성사업자 선정과정에 응해 객관적인 기준과 심사를 거쳐 선정됐고 채널 배정도 사업자끼리 중복되지 않는 희망번호를 우선배정과 중복번호 추첨방식을 혼용해서 이뤄진 결과라고 주장한다.

'특혜다', '아니다'에서 출발하다 보니 종편의 내용, 즉 콘텐츠에 대한 평가도 크게 엇갈린다. 사실 시청자 입장에서 초반 종편들의 콘텐츠는 지상파에 비해 부실하고 제작과 운영상에서도 문제가 발견됐다.

시청률에 대한 평가도 엇갈린다. 한쪽에서는 시청률을 보장하는 스타가 나오고도 시청률이 1퍼센트대에 머물자 매우 저조하다, 굴욕이라면서 비판한다. 반면 종편 측에서는 '그간 케이블에서는 시청률이 1퍼센트만 넘어도 대박이라고 평가해왔으니 이 정도는 선방한 것'이라며 아직은 개국 초기라 운영상의 미숙한 점은 있을 수 있고 앞으로 그 점들을 개선해나갈 계획이라는 입장이다.

관련 시장과 돈의 흐름에 밝은 증권가에서 내리는 종편에 대한 평가는 대체로 부정적이다. 종편 개국 이전까지만 해도 증권가에서는 종편 관련 종목들의 주가가 들썩였다.

종편들이 스타급 연예인, 방송인, 개그맨들을 대거 끌어들이다 보니 이들이 소속된 연예기획사와 드라마 외주제작사 등의 주가가 뛰었다. 광고시장이 활성화될 것으로 예상돼 제일기획 등 광고회사의 주식이 주목을 받았다. 게다가 종편사업자와 기존 미디어사업자들의 상장사인 iMBC, SBS미디어홀딩스, 디지털조선, YTN, 제이콘텐트리(JTBC의 콘텐츠 유통) 등의 주가가 뛰기도 했다. 하지만 시장이 기대했던 만큼의 콘텐츠나 시청률이 나오지 않자 일부 종편 관련 회사의 주가가 하락하기도 했다.

반면 기존 미디어사업자인 CJ E&M 등 종편 및 보도채널이 생기면서 피해를 입을 것으로 예상된 종목의 주가가 오르는 현상을 보이기도 했다. 한 증권사는 보도채널이던 MBN의 종편 전환과 새 보도채널 뉴스Y의 출범으로 기존 보도채널인 YTN의 경쟁력이 더 확대될 것으로 본다고 한다. 물론 증권가에서는 종편의 현재는 실망스럽지만 앞으로가 기대된다며 섣불리 단정 짓지 않고 있다.

사실 종편은 설왕설래되고 있는 극과 극의 초반 평가를 접어두면 미디어산업과 언론 역사에 일대 사건이자 이정표다. KBS, MBC 양대 체제로 시작된 우리나라 방송은 1990년대부터 급격히

변했다. 1991년 민영상업방송인 SBS의 출발로 공영·민영 혼방방송체제가 시작됐고 1995년에는 지역 민방이 설립됐다. 이후 케이블 방송이 출범하고 2002년 위성방송 스카이라이프, 2005년 디지털멀티미디어방송(DMB)이 출범했다. 현재 방송채널은 1,200개가 넘는 것으로 추정된다.

1980년대 공영방송 독점시대, 1990년대 공영·민영 경쟁체제에서 2000년대 다매체·다채널 경쟁시대가 되었고 2010년대에는 신문이 방송을 겸업하는 시대다.

종편은 출범 자체로 미디어산업의 판도를 바꿔 놓았다. 종편이 4곳씩이나 생기다 보니 방송설비와 인력에 대한 투자가 대규모로 이뤄졌고 인력 이동이 급증했다.

종편 모두 사업자가 신문사여서 기존 본사의 인력을 방송으로 옮겼고 기존 지상파, 케이블의 인력도 대거 이동하고 있다. 인력이 빠진 곳은 자연스럽게 인력충원에 나서면서 대규모 연쇄이동이 벌어졌다. 몇몇 신문사와 중소케이블 방송사들에서는 한 번에 수십 명씩 빠져나가 비상이 걸렸고 사람 구하기와 수당 인상 등이 이뤄졌다. 지상파나 대형 케이블에서는 기자, 촬영인력뿐만 아니라 드라마·예능·다큐멘터리·스포츠 같은 분야에서 인기를 모았던 스타급 탤런트, 개그맨, MC, PD, 작가, 아나운서들이 더 높은 돈을 받으며 줄줄이 이적했다.

문제는 여기에서부터다. 막대한 자금을 종편의 설비와 조직, 인력을 꾸리는 데 썼고 콘텐츠 제작에 투입했다. 지출이 있다면 수입도 있어야 한다. 종편이든 지상파든 신문이든 미디어의 수입 대부분은 광고에서 나온다. 그런데 우리나라 광고시장은 매년 큰 폭으로 증가하기는커녕 정체 수준이다. 광고시장이 한정된 것이다.

국내 광고비는 2000년대에 6조 원을 넘어서 2010년 8조 4,501억 원, 2011년 8조 9,168억 원, 2012년에는 9조 원을 살짝 넘어설 것으로 추정된다. 한국광고주협회가 광고실무자 190명을 대상으로 조사해보니, 2013년 지상파 TV 광고비는 약 2조 원 수준, 케이블 TV 광고비는 2011년 1조 원을 넘어 소폭 상승할 것으로 전망했다.

종편 1곳당 광고비는 2012년에 1,471억 원, 2013년에는 1,912억 원으로 예상했다. 종편은 한 해 최소 2,000~3,000억 원의 매출을 올려야 되는데 이 정도 광고비로는 적자가 불가피해질 수밖에 없다. 막대한 자금을 투입한 종편 입장에서는 투자비를 조기에 회수하고 흑자를 내야 하는 과제가 눈앞에 닥친 상황이다. 그래서 정부와 기업들을 상대로 한 광고, 후원, 협찬 강요가 늘어나면서 매체와 정부, 기업 간의 갈등이 커질 수 있다.

지상파와 비교해 아직 시청률이 떨어지다 보니 지상파와 경쟁하기보다는 종편끼리의 경쟁에서 먼저 이겨야 한다. 경쟁에서 이기는 답은 바로 시청률이다. 그래서 종편이 서로 시청률을 높이려다 보면 개국 초기에 품었던 품격 있는 콘텐츠보다는 선정적 장면이나 간접광고가 들어 있는 드라마 등이 나올 가능성이 높다.

지나친 경쟁은 부작용을 부른다. 신문이 방송을 겸업하다 보니 자사 신문에서 자사 종편만을 부각시키거나 다른 지상파나 종편을 비중 있게 다루지 않을 수 있다. 또한 기존 지상파와 종편이 없는 신문, 케이블 방송 등에서는 종편의 출범으로 줄어들 광고시장 점유율을 우려해 종편의 부정적인 면을 부각시키면서 '종편 때리기'를 계속할 수 있다. 종편의 뉴스, 시사프로그램이 이념 편향적이라는 비판도 나올 것이다.

상대적으로 규모가 작은 지역신문 같은 군소신문, 종교방송들은 설 자리가 좁아질 가능성이 적지 않다.

신문의 방송겸업 허용은 반대로 방송의 신문겸업도 가능하다는 말이 된다. 지상파나 케이블 방송에서 종편에 대응해 종합지나 경제지를 창간하거나 인수할 수 있다.

종편이 고품질 콘텐츠로 승부를 펼치고 시청자들에게 호응을 얻는다면 종편의 영향력과 지배력은 지금보다 더 커지고 KBS, MBC, SBS 같은 지상파의 위상은 하락할 수 있다. 시청자들이 선택할 수 있는 채널의 폭이 넓어지면 여론의 다양성이 생기고 방송 콘텐츠의 질도 자연스레 높아져 미디어산업의 경제적 효과도 커질 것이다.

종편 출범으로 시민사회단체나 언론단체들에서 신문, 방송, 케이블, 위성방송의 공정성과 다양성을 확보하기 위해 미디어 감시활동 강화 등 시청자주권운동이 활발해질 전망이다.

시청자가 없는 미디어는 죽은 것이나 다름없다. 매체가 아무리 많이 생기고 콘텐츠가 무한대로 만들어져도 시청자가 외면하는 매체, 콘텐츠는 결국 시장에서 퇴출될 것이다.

'시청자를 어떻게 끌어올 것인가', '킬러 콘텐츠를 어떻게 만들 것인가'가 현재 사업자가 많아진 미디어산업의 당면과제다.

# 08

## ATS 등장이
## 주식시장에
## 어떤 영향을
## 끼칠 것인가?

주식투자에 사람들의 관심이 높아지면서 주식에 손을 대는 사람도 주식투자액도 늘고 있다. 한국거래소가 상장사 1,734개를 상대로 조사한 결과에 따르면 2010년 말 현재 주식투자인구는 478만 7,000명으로 10년 전인 2010년(33만 4,000명)에 비해 44.8퍼센트 증가했다. 전체 인구 10명 가운데 1명, 경제활동인구로는 5명 가운데 1명이 주식투자를 하고 있다. 이런 추세라면 주식에 투자하는 인구가 머지않아 500만 명을 돌파할 것이다.

장기투자를 원칙으로 오랜 기간 주식을 갖고 있는 사람은 모르겠지만 주식투자 대부분을 차지하는 단타매매 투자자들은 그때마다 내야 하는 수수료와 세금을 아까워한다. 매매를 자주 하는데 수익을 내기는커녕 손해까지 보면 수수료와 세금은 정말 아깝다.

그래서 조금이라도 수수료 부담을 낮추려고 수수료가 싼 증권사를 찾는다.

수수료는 주식을 살 때와 팔 때 모두 내야 하지만 증권거래세(세금)는 팔 때만 부과된다. 수수료는 증권사마다 차이가 나는 반면, 증권거래세는 세금이라 일률적이다.

주식을 갖고 있어도 세금을 내지는 않지만 배당을 받으면 배당소득세라고 해서 배당금에 대해 소득세와 지방세를 내야 한다. 주식을 팔 때는 매매수수료에 증권거래세와 농어촌특별세가 추가로 부과된다. 그 대신 100원짜리 주식이 1,000원, 10,000원으로 뛴 덕분에 시세차익을 거두었다고 세금을 부과하지는 않는다.

증권사가 수수료를 전부 가져가지 않는다. 주식거래를 독점하는 한국거래소, 한국예탁결제원 등 관련 기관이 증권사에 거래대금의 0.001333퍼센트, 결제 건당 수수료 500원을 받는다. 수수료 비율로만 보면 아주 낮아 보이지만 증권사에서 10조 원이 거래됐을 때 관련기관에 내는 수수료는 7억 5,000만 원가량이다.

투자자나 증권사들로서는 이것이 독점적인 수수료로 과도하다고 한다. 2005년부터 2010년까지 한국거래소의 총수입은 2조 718억 원인데 그중 거래수수료 수입이 1조 7,816억 원으로 86퍼센트를 차지한다. 그래서 한국거래소는 가끔 주식시장을 활성화하겠다면서 수수료를 한시적으로 면제해주거나 인하해왔다.

만약 한국거래소 같은 곳이 하나 더 생긴다면 어떨까? 담합을 하지 않는다는 전제로 본다면 독점구조가 깨진다. 독식이 양분되면 시장에서는 경쟁의 법칙이 통하면서 가격이 낮아지고 서비스가 좋아질 것이다.

이르면 2012년 연말에는 한국거래소와 같은 거래소가 생기는데 기존 한국거래소와 구분하게 위해 제2거래소라고 한다. 제2거래소의 정식명칭은 대체거래시스템(Alternative Trading System, 이하 ATS)이다.

ATS는 정규 거래소인 한국거래소의 주식 매매체결 기능을 대체하는 증권거래시스템이다. 증권업자, 기관투자가 등이 한국거래소 이외의 시장에서 인터넷이나 전용 컴퓨터시스템으로 서로 거래할 수 있는 시스템이다. 엄격히 따지면 거래소가 아니지만 상장 주식을 오전 9시에서 오후 3시까지 매매할 수 있어 거래소의 경쟁자 역할을 하게 된다.

주요 금융 선진국은 이미 ATS 경쟁으로 투자자의 거래비용을 줄이고 있다. 전 세계에는 2010년을 기준으로 미국 80여 개, 유럽 20여 개 등 120여 개의 ATS가 운영되고 있다. ATS 주식거래 비중은 미국 42퍼센트, 유럽 30퍼센트 등인 반면 아시아는 비중이 아직 1.1퍼센트에 불과하다. 최근 홍콩, 일본, 호주, 싱가포르 등이 ATS를 도입했다.

ATS가 도입되면 증권사가 가장 큰 수혜를 입는다. ATS를 활용하면 주식매매 수수료를 기존 정규 거래소보다 30~50퍼센트 정도 적게 지불해 비용을 절감할 수 있다. 실제로 해외 ATS는 주식매매 수수료를 정규 거래소보다 30~50퍼센트 인하한 좀 더 낮은 수수료를 내세워 정규 거래소의 고객을 흡수하고 있다.

대표적인 사례가 유럽 최대의 ATS인 차이엑스유럽(Chi-X Europe)과 미국의 배츠 글로벌마켓(BATS Global Markets)이다. 이곳들의 거래수수료는 정규 거래소의 30퍼센트에서 최대 절반 수준까지 낮다. 특히 2011년 2월에는 미국 배츠가 차이엑스유럽과 합병계약을 체결해 조만간 '배츠 차이엑스유럽'으로 새로 출범할 예정이다. 미국, 유럽의 대체 거래소 시장을 장악한 배츠는 'Better Alternative Trading System'의 줄임말이다. 말 그대로 정규 거래소를 대체하는 거래 시스템을 의미한다.

배츠는 2005년 6월에 설립된 이후 2006년 1월부터 거래를 시작해 고속 성장했다. 2010년 5월 기준 미국 전체 주식거래의 11퍼센트 이상을 점유하고 있으며 거래대금 기준으로 뉴욕증권거래소와 나스닥에 이어 세계 3위를 기록하고 있다. 배츠의 성공에는 거래자의 유동성 공급 여부에 따라 수수료를 차등 부과하고 보상금을 주는 '메이커테이커(Maker-taker)' 제도가 큰 역할을 했다는 평가가 있다.

국내도 ATS가 출범하면 투자자는 물론 증권사에도 호재가 분명하다. 차이엑스유럽의 수수료가 정규 거래소의 절반 수준임을 감안하면 국내 ATS가 출범해 수수료 비용을 한국거래소보다 낮은 수준으로 책정할 것이고 이는 국내 증권사들의 수수료 부담을 줄여준다.

증권업계에서는 ATS의 수수료가 한국거래소 수수료의 50퍼센트 수준이 될 것으로 예상하고 있다. 증권사들은 줄어든 비용을 회사에 투자하거나 고객들에 다양한 형태(주식투자대회 등 이벤트)로 활용할 수 있다.

ATS에는 민간 증권사들이 지분참여를 할 수 있다. 한국거래소의 경우는 30개 증권사와 선물회사, 공공기관들이 3~4퍼센트씩 고르게 주주로 참여하고 있다. 한국거래소는 정부의 관리, 감독을 받는 공공기관으로 지정됐지만 매년 수입의 일정 비율을 배당금으로 지급한다. 2009년은 529억 원, 2010년은 673억 원을 배당금으로 지급했다.

국내 증권사 등 금융기관이 출자해 ATS가 설립되면 증권사들은 배당수입을 얻을 수 있다. 따라서 국내 증권사들이 컨소시엄으로 지분을 구성해 설립하거나 해외 ATS와 지분을 투자하는 합작사로 만들어질 가능성이 크다.

ATS 설립이 본격화되면 IT업계도 수혜가 예상된다. 거래소를 설립하려면 핵심 시스템인 매매체결 시스템을 구축해야 한다. 또한 기존 정규 거래소와 경쟁하려면 매매체결에 걸리는 시간을 최소화하고 안정적인 서비스를 해야 하므로 대규모 설비투자가 필요하다. 한국거래소는 2009년 차세대시스템을 가동하면서 기존에는 매매체결에 0.16~2초 소요됐던 시간을 0.08초로 단축시켰다.

ATS가 설립돼 한국거래소의 독점을 깨고 시장을 양분하면 경쟁이 가열될 것이다. 혁신적이고 빠른 시스템을 도입하면 거래체결 속도는 빨라지고 수수료는 낮아져 시장에 효율성이 생기며 투자자들은 좀 더 낮은 비용으로 거래를 할 수 있다. 그러면 미국, 유럽, 일본, 싱가포르 등 금융선진국에 비해 낙후됐다는 평가를 받은 우리나라 자본시장이 경쟁력을 갖추고 해외시장에 진출할 수 있는 기반을 마련할 것이다.

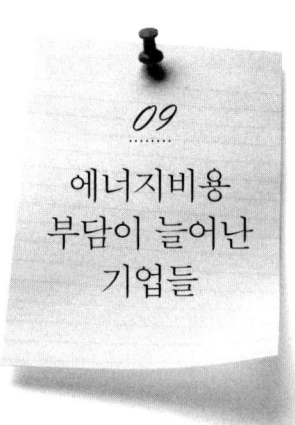

2012년 1월에 개봉한 영화 〈다크아워〉는 빛의 형태인 외계물체
가 무차별적으로 전기를 빨아들여 지구를 암흑 속에 빠뜨린다는
내용이다. 이 영화의 제작팀은 영화 〈아바타〉를 만든 주역들이다.
〈아바타〉 역시 비극의 씨앗은 자원이다. 자원이 고갈된 인류는 새
로운 행성인 판도라에서 엄청나게 사용할 수 있는 에너지원을 발
견하자 그것을 차지하기 위해 토착원주민인 나비족을 토벌하기
시작하면서 잔혹한 전쟁이 시작된다.

두 영화를 본 사람들은 영화 속 이야기가 단순히 허무맹랑하지
않다고 생각할 것이다. 현실적으로 인류는 석유 같은 화석연료가
점점 고갈되는 에너지 위기를 맞고 있다. 석유, 가스를 찾기 위해
더 깊은 육지와 바다를 탐사하고 이전에는 쳐다보지도 않았던 시

베리아나 북극을 탐색하고 있다.

한쪽에서는 자원을 계속 쓰고 다른 한쪽에서는 자원을 찾기 위해 자연을 파헤치면서 환경파괴도 갈수록 심해지고 있다. 알다시피 화석연료를 쓰면 쓸수록 온실가스는 더 많이 배출된다. 이는 곧 기후변화로 이어지고 기후변화는 인류의 생존을 위협한다. 온실가스를 거의 배출하지 않는 태양광, 풍력 같은 신재생에너지가 대안으로 떠오르고 있지만 원자력, 화력, 가스 발전으로 에너지를 펑펑 써온 인류에게 당장의 대안이 되지는 못한다. 그래서 전 세계는 일정 규모 이상의 온실가스를 강제로 줄이자고 합의했다. 2020년부터 선진국과 개발도상국의 구분 없이 온실가스를 많이 배출하는 나라는 모두 감축 의무를 진다.

2011년 12월 남아프리카공화국 더반에서 열린 제17차 유엔기후변화협약 당사국총회에서 세계 194개국 대표단이 이 같은 내용에 합의하고 관련 협상을 2012년부터 2015년까지 진행하기로 밝혔다.

2020년 이후 온실가스 주요 배출국들이 모두 참여하는 새 기후체제를 각국 대표단이 출범시키기로 하면서 감축의무를 거부한 미국과 감축의무가 없는 중국, 인도 등도 의무적으로 온실가스 감축에 참여하게 됐다.

온실가스 배출은 에너지를 많이 사용하는 곳일수록 배출량도 많다. 24시간 공장을 가동하는 산업부문, 전기를 안정적으로 공급해야 하는 발전사, 거리를 쉴 새 없이 지나가는 자동차, 오피스빌딩·백화점·은행·호텔 같은 대형건물과 사람이 많이 모이는 다중 이용시설들이 온실가스를 많이 배출한다. 따라서 국가 전체가 온실가스를 감축하려면 산업체와 공장, 발전사들이 나서야 한다. 우리나라는 전체 온실가스 배출량을 2020년까지 배출전망치(Business As Usual, 지금 같은 추세가 이어질 경우의 온실가스 배출전망치를 의미하며 약어로 BAU이다) 대비 30퍼센트를 줄이기로 했다. 현 추세대로 아무 노력을 하지 않고 온실가스를 2020년에 100 정도 배출할 것으로 예상되면 이보다 30이 줄어든 70만 배출하겠다는 것이다. 30을 줄이는 게 관건이다. 이미 국제사회에 선포했고 관련법도 마련했기 때문에 의무적으로 이를 지켜야 한다. 하지만 1990년에서 2005년 사이 우리나라 전체 온실가스 배출량이 2배 늘었다는 점을 상기하면 결코 만만치 않은 목표다.

업종별로 2020년까지 줄여야 할 온실가스 배출량 감축률은 정유 7.5퍼센트, 철강 6.5퍼센트, 시멘트 8.5퍼센트, 석유화학 7.5퍼센트, 반도체 27.7퍼센트, 조선 6.7퍼센트, 건설 7.1퍼센트 등이다. 운수·자가용 34.3퍼센트, 가정용 건물 27퍼센트, 상업용 건물 26.7퍼센트 등 수송·건물 부문 감축목표도 달성하기 쉽지 않다.

정부가 강제로 해당 기업체에 매년 온실가스를 줄이라고 할 수 있다. 하지만 우리나라는 제조업 중심으로 산업이 발달해 무차별적으로 감축을 강요하다가는 제조업 자체가 붕괴될 수 있다. 온실가스 배출을 줄이려면 공장가동을 줄여야 하는데 이렇게 되면 매출도 수익도 줄어 일자리까지 줄게 된다. 국가경제가 파탄 날 가능성까지 있다.

그래서 2012년부터 산업·발전 부문 366곳과 건물 등 총 458곳을 대상으로 '온실가스·에너지 목표관리제'가 시행된다. 온실가스·에너지 목표관리제란, 대규모 사업장에 온실가스 감축 및 에너지 절약 목표를 설정해 관리하는 제도다. 그 대상에는 삼성전자, LG전자, 현대자동차, 포스코, 두산중공업, LG화학, CJ제일제당 등 웬만한 국내 대기업의 주요 사업장이 망라된다. 이들은 과거 (2007~2009년 평균) 온실가스 배출실적을 기준으로 2012년의 매출, 생산, 주문 등의 여건 등을 고려하고 정부와 협의해서 온실가스 배출량을 정했다. 2012년에는 온실가스 예상 배출량에 비해 1.44퍼센트를 감축해야 한다. 목표를 달성한 기업에는 정부가 각종 자금융자, 인센티브 등을 주지만 그렇지 못한 기업은 정부의 개선명령을 따라야 하고 이를 위반할 경우 최대 1,000만 원의 과태료가 부과된다. 감축목표를 부여받은 모든 업체는 '이행계획서'를 정부에 제출하고, 2012년 1년간 실제 이행한 결과를 2013년 3월까지 보고해야 한다.

　문제는 대기업은 이미 별도로 조직과 전문인력을 가동해 준비해왔지만 중소기업은 사정이 다르다는 점이다. 당장 산업·발전 부문 대상업체 366개 가운데 중소기업이 82개에 이르고 산업·발전 부문의 대상업체가 560여 개로 늘어나는 2014년에는 중소기업이 200여 개로 전체 대상업체의 40퍼센트를 육박한다. 온실가스와 에너지사용량을 줄이려면 온실가스를 배출하는 기존 설비를 교체하거나 가동을 줄여야 한다. 당연히 대규모 자금이 들어갈 수밖에 없고 별도의 조직과 인력을 꾸려야 한다. 자금과 인력 사정이 여의치 않는 중소기업들로서는 굉장한 부담이다.

정부는 이런 중소기업의 사정을 고려해 대기업이 해당 중소기업에 자금과 기술을 투입해 온실가스를 감축하게 지원하면 그 실적의 일부를 대기업의 실적으로 인정해주는 그린크레디트(Green Credit) 제도를 2012년 중에 도입할 예정이다. 또한 전문기업들이 자체 자금이나 정부와 금융기관에서 자금을 조달해 중소기업의 설비를 무료로 교체해주거나 개선해주면 그 투자비와 이윤을 이전에 비해 절감된 에너지비용(전기·가스 요금)으로 충당하는 '에너지절약 전문기업(ESCO) 사업'에 정부와 금융기관이 자금대출 한도도 높여주기로 했다.

기업들이 가장 우려하는 것은 온실가스·에너지 목표관리제도가 계속되지 않는다는 점이다. 이 제도는 2015년부터 시작되는 탄소배출권거래제의 전 단계에 해당된다. 탄소배출권거래제는 온실가스 배출 권리를 사고팔 수 있도록 한 제도로 온실가스 중 배출량이 가장 많은 이산화탄소 때문에 탄소배출권거래제라고 이름이 붙여졌다. 이는 각 국가가 부여받은 할당량 미만으로 온실가스를 배출할 경우 그 여유분을 다른 국가에 팔 수 있고 반대로 온실가스의 배출이 할당량을 초과하면 다른 국가에서 배출권을 사도록 한 제도이다.

온실가스 배출 할당량은 국가별로 부여되지만 탄소배출권 거래는 대부분 기업들 사이에서 이뤄진다. 탄소배출권거래제가 시행되면 온실가스 감축 의무가 있는 사업자의 배출허용 총량을 제한하고, 각 사업자는 잉여분이나 부족분을 시장에서 거래하게 된다. 온실가스·에너지 목표관리제도가 정부와 협의해서 달성여부에 따라 인센티브와 패널티를 주는 것인 반면, 탄소배출권거래제는 모든 것이 돈으로 직결된다. 온실가스 감축능력에 따라 배출권을 파는 곳은 이익이 되고, 사는 곳은 부담이 되니 온실가스를 줄이는 데 가장 강력한 효과를 발휘한다.

하지만 전국경제인연합회 등 경제5단체와 주요 업종별 단체는 탄소배출권거래제보다 기존의 온실가스·에너지 목표관리제를 충실히 이행하는 것이 중요하다며 반대하는 입장이다. 우리나라가 탄소배출권거래제를 도입하면 지출되는 비용, 고용감소, 해외 투기자본으로 인한 국부유출 등 부정적인 영향이 크고 제도 도입으로 얻는 편익을 명확하게 분석하지 않고 법안을 추진하는 데 우려를 나타내고 있다.

에너지관리공단은 탄소배출권의 10퍼센트만 유상(전체 배출권 중 의무적으로 사고팔아야 하는 비율)으로 할당되어도 산업계에 연간 약 5조 6,000억 원의 추가비용이, 100퍼센트 유상 할당되면 최대 14조 원의 추가비용이 발생한다고 분석한 바 있다. 또한 전력거래소는 발전부문에서도 최대 27조 원의 추가비용이 발생해 3~12퍼센트의 전기료 인상 부담이 발생할 수 있다고 분석했다.

하지만 이에 대한 반론도 만만치 않다. 에너지경제연구원, 한국환경정책평가연구원, 삼성경제연구원 등의 조사를 보면 탄소배출권거래제는 온실가스·에너지 목표관리제도 내에서 온실가스 감축비용의 약 44~68퍼센트까지 절감할 수 있는 것으로 나온다. 어차피 2020년까지 국가감축목표가 국내법에 명시됐으니 탄소배출권거래제 도입을 미룰수록 감축에 필요한 시간이 단축되고 그만큼 지불해야 할 비용도 증가한다는 주장이다. 산업 경쟁력이 떨어질 것이라는 우려에도 온실가스를 줄이지 않으면서 경쟁력을 거론하는 것은 아직도 과거의 패러다임에 젖어 있다는 반증이라고 비판한다.

탄소배출권거래제와 관련된 법안은 이미 국회에 넘어간 상태다. 기업들의 반발이 워낙 거세 2012년 4월 총선 이전에 처리되기 어렵다는 시각도 있다.

우리나라를 비롯해 전 세계가 참여해 온실가스 감축계획을 밝히고 이를 지키도록 의무화한 교토의정서를 미국, 일본, 캐나다, 러시아 등 선진국들이 탈퇴하려는 움직임도 변수다. 교토의정서는 1997년 기후변화협약에 따라 온실가스 감축 목표치를 규정한 의정서로 의무이행 대상국은 일본, 호주, 캐나다, 러시아, 유럽연합 등 총 38개국인데 온실가스를 가장 많이 배출하고 있는 선진국들이 이탈할 경우 존립 자체가 위태로워진다.

우리나라는 의무이행 대상국이 아니지만 만약 새로 논의된다면 의무이행 대상국에 편입될 가능성도 있다. 현재의 자발적 의무 이행보다 강화된 감축의무 부과에 대비해 철저한 사전준비와 노력이 필요하다. 제대로 준비되고 이행된다면 탄소배출권거래제는

가장 효율적인 온실가스 감축수단이자 탄소를 사고파는 탄소경제
라는 새로운 시장을 만들어낼 것이다.

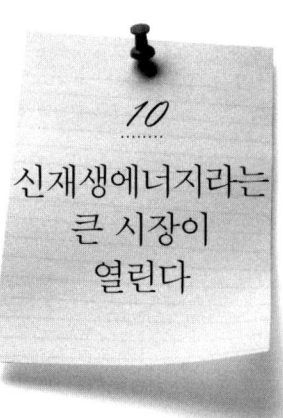

## 신재생에너지라는 큰 시장이 열린다

지난해 3월 일본에서 후쿠시마 원전사고가 발생한 후 전 세계적으로 반(反)원전이 확산되면서 신재생에너지가 대안으로 부각됐다. 유가의 불안정과 기후변화협약의 규제 대응 등으로 그 중요성이 더욱 커진 신재생에너지는 신에너지와 재생에너지를 합쳐 부르는 말이다. 기존 화석연료를 변환해 이용하거나 햇빛, 물, 강수, 생물유기체 등을 포함해서 재생이 가능한 에너지로 변환해 이용하는 에너지이다. 신에너지에는 연료전지, 수소에너지 등이 있고 재생에너지에는 태양광, 태양열, 바이오, 풍력, 수력 등이 있다.

우리나라에서는 연료전지·석탄액화가스화·수소에너지 등 3개 분야의 신에너지와 태양열·태양광발전·바이오매스(Bio Mass)·풍력·소수력·지열·해양에너지·폐기물에너지 등 8개 분야의 재생에너지, 총 11개 분야를 신재생에너지로 지정하고 있다.

필요한 전기의 전량을 신재생에너지로 충당할 수 있다면 가장 바람직할 것이다. 후쿠시마 원전사고처럼 원전의 폭발사고와 핵 피해를 걱정하지 않아도 되고 온실가스를 많이 배출하는 화력이나 가스발전소를 짓지 않아도 되니 온실가스 감축이라는 국가목표도 달성하기 쉬워진다. 발전소가 들어서는 곳마다 어김없이 벌어지는 찬반 분쟁도 없어질 것이다.

하지만 제조업을 근간으로 하는 우리나라의 특성상 아직도 많은 에너지가 필요하다 보니 원전이나 화력, 가스 등 기존 발전설비에 의존할 수밖에 없다. 2009년 우리나라 전력공급에서 신재생에너지가 차지하는 비율은 2.5퍼센트로, 미국(5.7퍼센트), 일본(3.4퍼센트), 영국(3.3퍼센트) 등 선진국에 뒤지고 있다. 클린 에너지 선도국인 덴마크(20.1퍼센트)와 독일(10퍼센트)에 비교하면 현저히 떨어지는 수준이다.

이처럼 신재생에너지에서 한국은 걸음마 수준이다. '신재생에너지의 전기를 어디서 끌어다 쓰는가'인 에너지원별 공급비중을 봐도 폐기물에너지가 74.8퍼센트를 차지하고 있으며 수력 9.9퍼센트, 바이오 9.5퍼센트, 풍력 2.4퍼센트, 태양광 2퍼센트 등으로 고르지 못하다.

2012년은 우리나라 신재생에너지 산업의 원년이 된다. 정부가 신재생산업을 조선, 반도체, 철강 같은 주력산업처럼 키우기로 하고 대대적인 자금 및 연구개발 지원에 나서기로 했다. 특히 신재

생에너지 시장의 규모를 키우는 데 새로운 전기인 13개 공공·
민간 에너지기업을 대상으로 하는 신재생에너지공급의무화제도
(Renewable Portfolio Standard, 이하 RPS)가 시행된다. 에너지사업자
에게 공급량의 일정 비율을 신재생에너지로 하도록 의무화하는
제도로 한국전력과 한국수력원자력, 발전 5개사와 지역난방공사,
포스코파워, 케이파워, GS EPS, GS파워, MPC율촌전력 등 13개
발전회사가 그 대상이다.

이들 13개사는 자신이 공급하는 에너지의 일정 비율을 신재생
에너지로 공급·판매해야 한다. 관련 시설을 외부에서 조달하거
나 생산한 전기량에 따라 신재생에너지 인증서(Renewable Energy
Certificates)를 구매하는 방법으로 공급의무량을 채울 수 있다. 13
개 기업으로서는 직접 태양광, 풍력을 설치하거나 기존 태양광,
풍력 등의 신재생에너지 사업자에게 사오면 된다. 어떤 방법을 쓰
든 신재생에너지 산업이 성장할 수 있는 전기가 마련되는 것이다.

2012년에는 신재생에너지 의무공급비율을 2퍼센트에 반드시 맞
춰야 하고 10년 후인 2022년에는 이 비율을 10퍼센트까지 늘려야
한다. 첫해인 2012년에 4조 1,000억 원의 신재생에너지 시장이 형
성되고 2022년에는 54조 원 규모의 시장이 형성될 것으로 기대하
고 있다. 신재생에너지 시장이 커진다는 말은 기업체와 해당 분야
고용인원, 수출, 투자가 동반 성장하고 정부의 자금지원도 늘어난
다는 것을 의미한다.

2005년 연매출 2,840억 원에 불과했던 신재생에너지 산업의 매

출은 2006년 7,270억 원, 2007년 1조 2,540억 원, 2008년 3조 3,530억 원 등으로 불과 5년 사이에 10배 이상 불어났다. 신재생에너지 산업의 에너지원별 매출은 태양광 발전 부문(5조 9,100억 원)이 전체 매출의 72.7퍼센트로 압도적이고 풍력(1조 1,680억 원, 14.4퍼센트), 바이오(7,960억 원, 9.8퍼센트), 태양열·지열·연료전지(2,550억 원, 3.1퍼센트)가 그 뒤를 이었다. 한 조사에 따르면 2007~2010년 4년간 신재생에너지 산업은 기업체 수 2.2배, 고용인원 3.6배, 매출액 6.5배, 수출액 5.9배, 민간투자 5배로 크게 증가했다.

정부는 한발 더 나아가 신재생에너지를 포함해 전력·원자력, 에너지자원개발 등을 그린에너지 산업으로 묶고 2020년까지 에너지산업 5대 강국에 도약한다는 비전을 마련했다. 이를 위해 2020년까지 정부 18조 2,000억 원, 민간 17조 3,000억 원 등 모두 합쳐 35조 5,000억 원의 비용이 소요되고 2020년을 기준으로 수출 202조 원, 내수 59조 원 등 부가가치 261조 원과 일자리 91만 4,000개가 창출될 것으로 기대하고 있다.

따라서 신재생에너지와 관련된 원자재와 설비·부품 업체들이 수혜를 입게 되고 에너지절약형 시설투자를 대신해주고 절감된 전기요금으로 투자비를 회수하는 에너지절약전문기업(ESCO) 사업에 참여하는 기업들도 늘어날 전망이다.

국내외 신재생에너지 정책과 시장동향, 통계 등 모든 정보를 보려면 에너지관리공단에서 개설한 나래티스(http://naretis.energy.or.kr)를 참고하면 된다. 이 사이트는 태양, 풍력 등 신재생에너지원별 국내 제조기업의 현황과 전국 발전소 지도, 에너지 유관기관 전문자료, 신재생 관련 기사도 실시간으로 제공하고 있다.

신재생에너지의 성장은 비용부담도 따르기 마련이다. 정부는 RPS의 비용부담을 전기요금에 일부 반영해야 한다는 입장이다. 현재 전기요금은 원가의 90퍼센트 정도에 판매되고 있어 팔면 팔수록 손해가 난다. 연료비에 따라 요금을 자동으로 결정하는 연동제도 시행하고 있지만 이 역시 요금인상을 우려해 시행은 하되 적용은 보류돼왔다. RPS의 비용부담은 2012년부터 2022년까지 시행되는데 매년 이행비용이 늘어나는 구조여서 전기요금 반영분도 오를 것으로 보인다.

정부는 2022년 이후에는 발전사와 에너지공기업에 한정됐던 RPS 대상을 대기업과 대형사업장 등에도 적용하는 방안을 검토 중이다. 이 경우 대기업들은 전체 전력소비의 일정 비율을 태양광이나 풍력 등 신재생에너지로 충당해야 해서 이래저래 비용부담이 늘 것이다.

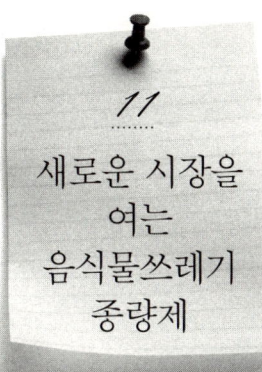

    정부의 정책이 국가적·사회적 공익에 부합할 뿐만 아니라 국민들의 삶에도 긍정적인 변화를 가져온다면, 게다가 관련 기업들에 새로운 시장창출의 기회까지 주어진다면 이보다 더 좋은 정책이 있을까? 2012년부터 전국 지방자치단체로 확대되는 '음식물쓰레기 종량제'가 바로 그것이다.

    지금까지 음식물쓰레기 처리비용은 대부분 정액제 혹은 무상제였다. 음식물쓰레기를 많이 버리든 적게 버리든 처리비용에 차이가 없었고 어떤 지역 지방자치단체에서는 음식물쓰레기 처리비용을 주민들에게 부담시키지 않는다. 이렇다 보니 음식물쓰레기는 줄지 않았고 오히려 그런 제도가 쓰레기를 줄이려는 사람들의 노력을 소홀하게 만든다는 지적도 있었다.

음식물쓰레기는 우리나라 전체 생활폐기물의 28퍼센트를 차지한다. 무엇보다 국과 찌개를 많이 먹기 때문에 음식물쓰레기의 80퍼센트가 수분이다. 해양오염을 가중시키는 음식물쓰레기 폐수가 연간 약 143만 톤이나 바다에 버려지고 있어 환경오염에도 심각한 영향을 끼치고 있다.

전국에서 하루에 버려지는 음식물쓰레기는 1만 5,000여 톤에 이른다. 성인 한 사람이 하루에 섭취하는 음식물 양이 평균 2킬로그램 정도임을 감안하면, 이는 유통·조리 과정에서 발생되는 식재료 쓰레기를 제외(57퍼센트)하더라도 하루에 320만 명이 먹을 수 있는 양이다.

2010년 전국 지방자치단체에서 음식물쓰레기를 수거하고 처리하는 데만 8,000억 원을 썼다. 음식물을 수입, 유통, 조리할 때 소모되는 에너지만도 연간 579만 TOE이다. TOE는 킬로리터, 톤, 세제곱미터, 킬로와트 등 여러 가지 단위로 표시되는 각종 에너지원들을 원유 1톤이 발열하는 칼로리 기준으로 표준화한 단위이다. 1TOE는 원유 1톤(7.41 배럴)의 발열량인 1,000만 킬로칼로리가 기준이 되며 석탄 1.55톤, 천연가스 1,150세제곱미터가 해당된다.

앞으로는 음식물쓰레기 배출량에 따라 돈을 내야 하니 무턱대고 장을 보지 말고 메뉴를 미리 정한 다음 필요한 품목만 사는 습관을 길러야 한다. 냉장고, 냉동고에 넣어두고 오랫동안 잊어버리는 바람에 개봉도 하지 못하고 쓰레기통으로 직행하는 음식물도 적지 않다. 냉장고 안에 이것저것 마구 쑤셔 넣으면 언제, 왜 산

것인지 잊어버린다. 그러니 음식물 구입목록을 작성해 냉장고 문에 붙이면 도움이 된다.

음식물쓰레기를 완전히 없앨 수는 없지만 무게를 줄일 수는 있다. 그래서 음식물처리기 업체들이 새롭게 주목받고 있다. 국내에서는 대다수 생활가전 업체들이 음식물처리기를 선보이고 있고 저렴한 제품은 10~20만 원이면 살 수 있다. 제품을 사용할 때 드는 전기요금도 한 달 2,000~3,000원 내외다.

이들 기기는 음식물쓰레기의 부피를 크게 줄이는 것이 공통된 특징인데 방식에는 차이가 있다. 음식물처리기는 뜨거운 바람으로 건조하는 열풍건조방식과 잘게 부수어 건조시키는 분쇄건조방식이 있다. 요즘은 부피를 크게 줄인다는 점에서 분쇄건조방식이 대세다. 제품 대부분이 분쇄하고 건조시킬 때 음식물냄새가 밖으로 나가지 않도록 악취를 제거하는 기능이 있고 전기밥솥보다 더 작은 사이즈도 출시하고 있다.

주택이나 아파트마다 음식물쓰레기를 어느 가정에서 얼마나 배출하는지 알아야 요금을 부과할 수 있다. 따라서 종량제 수거기기가 확산될 것이고 전자태그(Radio Frequency Identification, 이하 RFID)라는 정보통신기술도 적용될 수 있다. RFID는 생산에서 판매에 이르는 전 과정의 정보를 초소형 칩에 내장시켜 이를 무선주파수로 추적할 수 있도록 한 기술로서 전자태그, 스마트 태그, 전자 라벨, 무선식별 등으로도 불린다. RFID는 유통분야에서 지금까지 물품관리에 사용된 바코드를 대체할 차세대 인식기술로 꼽힌다.

　최근 여러 아파트 단지에서 시범적으로 운영 중인 방식을 보면 세대별로 음식물쓰레기를 배출할 때마다 배부된 RFID 카드로 배출원, 무게 등의 정보가 간편하게 입력된다. 세대별로 배출한 만큼 수수료가 부과되는 것이다. 주민들은 쓰레기 배출량을 정확히 알게 되어 좀 더 효과적으로 배출량을 줄일 수 있다. 전용용기를 사용하면 쓰레기봉투를 따로 구입할 필요도 없게 된다. 음식물쓰레기가 줄면 국가, 개인, 지방자치단체뿐만 아니라 관련 시장이 커지면서 기업에도 이익이 된다.

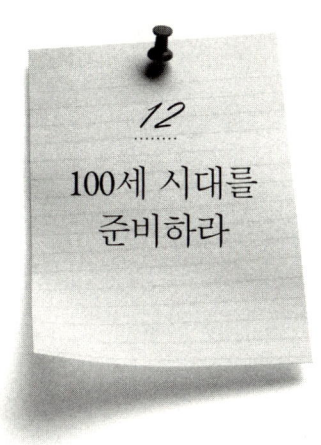

## 100세 시대를
## 준비하라

통계청이 2011년에 내놓은 '2010년 생명표'에 따르면 2010년에
태어난 아이의 예상수명은 80.8세다. 생명표란 연령별 사망수준이
그대로 지속된다는 가정 아래, 장래의 기대수명과 남은 수명을 산
출한 표이다. 이는 보건의료정책 수립과 보험료율, 인명피해 보상
비 산출 등에 쓰인다.

유엔이 2009년에 발표한 「세계인구고령화」 보고서에서는 평균
수명이 80세를 넘는 국가가 2000년에 6개국뿐이었지만 2020년에는
급증해 31개국으로 예상했다. 유엔은 이를 '호모 헌드레드(Homo
Hundred)'라고 명명했다. 이 용어는 현 인류의 조상을 호모 사피
엔스로 부르는 것에 비유해, 100세 장수가 보편화하는 시대에 인
간을 지칭하는 학술용어다.

'100세 시대'는 국민 평균수명이 100년인 시대를 의미하는 것이 아니라 국민 다수가 100세까지 살 것을 기대하면서 노후를 맞이하고 준비하는 시대를 뜻한다. 2010년에는 우리나라의 생산가능인구 6.6명이 노인 1명을 부양했다. 그런데 저출산이 지속될 경우 2020년에는 생산가능인구 5명이 노인 1명을, 2030년에는 3명이 노인 1명을 부양해야 한다.

고령화 시대가 다가오면서 고령자에게 지출되는 사회적 비용과 이에 대한 부담은 점점 증가한다. 한국개발연구원이 통계청의 장래추계인구(장래의 인구를 추정 계산한 것)와 경제활동참가율 전망치를 이용해 예측한 결과, 2012년부터 경제활동인구의 증가 폭이 급감해 연 10~15만 명 증가하는 데 그치고 2016년부터는 그 증가 폭이 10만 명 이하로 떨어질 것으로 전망됐다. 동시에 생산가능인구(15~64세)도 2016년부터 감소세로 돌아설 것으로 전망되고 있으며, 특히 베이비붐 세대의 은퇴가 거의 마무리되는 2022년부터는 노동공급이 마이너스 성장할 것으로 예상됐다.

하지만 우리나라는 이러한 사회적 변화에 효과적으로 대처할 준비가 제대로 되어 있지 않다. 1955년부터 1963년 사이에 출생한 1차 베이비붐 세대의 30퍼센트 정도만이 적극적으로 노후를 준비하고 있는 것으로 나타났다. 730여만 명에 달하는 베이비붐 세대의 대다수가 지금처럼 별다른 준비 없이 노후를 맞이할 경우 장수는 축복이 아니라 재앙이 될 가능성이 높다.

베이비붐 세대가 60세에 진입하는 2015년부터는 국민연금 수급자가 다수 발생하면서 연금재정이 빠르게 소진되고 노동시장에서는 고숙련 기능인력의 은퇴로 노동력 부족과 산업의 활력저하로 이어질 수 있다.

축복의 100세 시대를 맞이하기 위해서는 경제, 산업, 문화, 복지, 주택, 의료, 교육, 고용 등 모든 정부정책의 패러다임이 바뀌어야 한다. 기업들의 소비자가 달라지고 인력구조 및 인력운용방식도 달라져야 한다. 개인들은 인생을 다시 설계해야 한다.

도시는 전 세대를 아우른 건강도시가 되고 여가활동을 할 수 있는 공간과 지원이 늘어나야 한다. 독거노인을 위한 소형주택, 의료서비스와 주거를 겸한 첨단 의료주택, 환경친화적 주택보급이 증가하고 농촌의 고령인구에는 연금지급 같은 복지수요가 늘고 노인 돌봄 사업도 확대될 것이다.

대중교통시스템과 대중교통은 고령층을 중심으로 달라지고 근거리 이동수단으로 경차나 소형 전기차가 인기를 끌 것이다. 농지와 산지의 이용은 줄어드는 대신 이를 여가 및 관광의 공간으로 활용하는 곳이 많아지고 전원휴양주택과 실버타운도 늘어난다. 활기찬 노후생활을 위해 지역사회에 참여하는 인구가 늘 것이고 자원봉사, 재능기부 등도 확산되고 고령자를 위한 직업능력개발훈련과 건강관리시스템, 제약, 의료, 의료서비스, 실버산업도 활발해진다.

연금과 의료보험 체계가 대대적으로 바뀌고 평균수명이 늘어나면서 경제적 문제해결을 위해 연금보험, 퇴직연금, 노후와 관련된 저축, 주식투자 등 재테크도 활성화될 것이다.

고령층이 많은 인력구조에서 경제의 활력을 유지하기 위한 산업, 인력 정책도 달라진다. 기업들의 정년연장이 대폭 확대되고 정년을 연장해주는 대신 일정기간 이후에는 임금수준을 낮추는 임금피크제가 광범위하게 확산될 것이다.

전 세계적인 고령화에 대비해 산업구조를 바꿔 100세 시대에 맞는 유망산업을 발굴하면 이들 산업이 국가경제의 신(新)성장 동력 산업으로 육성되고 새로운 일자리를 창출하며 나아가 세계 시장의 선점도 가능해진다. 고령층의 중소벤처기업, 자영업 창업이 늘어나고 고령층만을 채용하는 기업도 등장할 수 있다. 부족한 인력을 보충하기 위해 해외이민의 문호를 대폭 열어 다문화, 다민족 국가로 바뀔 수도 있다.

현대경제연구원의 보고서에 따르면 전체 고령친화산업의 시장 규모는 2002년 6조 3,820억 원에서 2010년 22조 1,906억 원으로, 고령사회에 진입하는 2018년에는 83조 7,646억 원에 이를 것으로 예상됐다.

현재 80세 시대의 패러다임에 맞춰져 있는 국가정책은 100세 시대를 대비한 정책으로 전환돼야 한다. 100세 시대는 인류가 처음 경험하는 것으로 그 영향은 경제, 사회, 문화 등 모든 영역에 걸쳐 나타난다. 정부든 기업이든 개인이든 재앙의 100세 시대가 아닌 축복의 100세 시대가 되도록 착실하게 준비해야 한다.

# 낮아지는 자동차 연비가 자동차업계에 미칠 영향

국토해양부는 2011년 9월말 기준으로 국내 자동차의 등록 대수가 총 1,837만 대로 집계됐다고 발표했다. 국민 2.76명당 자동차 1대를 굴리고 있는 셈이다. 등록 대수가 매년 100만 대씩 늘어나는 현 추세를 반영하면 2012~2013년 중에는 2,000만 대 시대를 열게 된다.

소비자 입장에서는 자동차의 디자인과 기능이 첨단화, 고급화되는 점은 반기지만 그만큼 가격과 관리비용이 늘어나는 것에 대해서는 불만이 크다. 특히 주유할 때마다 느끼는 자동차에 표시된 연비(연료 1ℓ로 주행 가능한 거리)가 실제로 운전했을 때와 차이가 나도 너무 난다는 점이다. 물론 고속도로에서는 고속으로 주행하기 때문에, 시내에서는 여건상 급정거와 급출발을 하게 되고 도로 여건에 따라 속도가 달라져 실제 주행거리와 연비에서 차이가 있을 테지만 그래도 심하다는 의심을 지울 수가 없다.

이렇듯 체감연비와 공인연비가 다른 이유는 현재의 연비 측정 방식이 현실을 반영하지 않기 때문이다.

우리나라를 비롯해 세계 각국은 카본 밸런스 법에 의한 공인 연비제도를 운영하고 있다. 외부조건(섭씨 25도, 습도 60퍼센트 등)을 동일하게 설정한 곳에서 주행거리 160킬로미터 미만의 새 차를 12~36시간 놔둬 엔진을 완전히 식힌다. 그리고 차대동력계(시험용 굴림판) 위에 그 차를 얹고 배기분석계와 시료 채취관 등을 연결한 다음 평균시속 34.1킬로미터, 최고시속 91.2킬로미터로 31분 15초 동안 가속과 감속을 반복하면서 23차례 멈춰 선다. 이는 1970년대 미국 로스앤젤레스 시가지의 흐름을 모의한 CVS-75 주행모드로, 이때 자동차에서 배출된 탄소성분(연료소모량)을 분석장치로 정밀하게 측정해 연비를 산출한다.

실제로 도로를 달려서 연비를 측정하는 것이 아니라 실험실에서 나온 데이터로 연비를 추산해보는 것이니 공기저항이나 날씨, 기온, 승차 인원수, 트렁크에 실은 짐 등은 전혀 고려되지 않는다. 또한 기본형 모델로 측정하므로 고급형에 장착된 각종 편의장비 무게는 포함되지 않는다. 그러니 실제 연비와 차이날 수밖에 없는 측정방식이다.

정작 미국에서는 이 방식을 접은 지 오래다. 미국은 시내와 고속도로 주행, 고속과 급가속 주행, 에어컨을 켰을 때와 히터를 켰을 때처럼 조건에 따라 연비를 표시하고 있다. 2012년 상반기부터는 자동차 연비 표시에 1년치 예상 연료비는 물론 이산화탄소 배출량, 동급 차종과의 연비도 비교해 표기하도록 했다. 이는 미국에 수출되는 차종에도 모두 적용된다.

미국의 새 연비기준에 따르면 2025년까지 미국에서 운행되는 자동차의 평균연비는 54.5mpg(ℓ당 23킬로미터)로 높아진다.

국내의 한 전문기관에서 조사해보니 시판 중인 가솔린, 디젤, LPG, 하이브리드 등 12개 자동차의 공인연비(표시연비)가 최소 8.7퍼센트에서 최대 30.3퍼센트까지 부풀려진 것으로 나타났다. 한 경차의 경우 연비는 18km/ℓ로 표시돼 있으나 미 환경보호국이 2006년에 개발한 5사이클 연비측정방식으로 측정한 결과 실제 연비는 12.7km/ℓ이었다. LPG를 쓰는 준중형 차량은 공인연비가 17.8km/ℓ이었으나 실제 연비는 12.4km/ℓ에 불과했다.

정부도 지난 2003년 공인연비와 실제연비의 차이를 해결하기 위해 연구용역을 바탕으로 한 개선안을 내놓기도 했다. 하지만 자동차업계의 반발로 매번 무산됐다. 그러다 2011년 정부가 자동차업계와 소비자단체, 전문가들과 머리를 맞댄 끝에 새로운 자동차연비 개선안을 마련해 2012년부터 시행하기로 했다.

우선 연비 1등급 자동차의 기준이 현재 15km/ℓ에서 16km/ℓ로 상향 조정됐다. 2011년을 기준으로 하면 연비 1등급 자동차의 비중이 17퍼센트나 된다. 10대 중 2대가 1등급인 셈인데 변별력이 떨어지는 데다 실제로 주행해서는 그렇게 나오지 않으니 소비자로서는 믿기 어렵다. 1등급 연비의 기준이 상향되는 2012년에는 1등급의 비중이 7.1퍼센트로 대폭 낮아진다.

현재 도심 주행만 되어 있는 연비표시방식도 미국과 같은 방식으로 바뀌고 여기에 추가로 도심연비와 고속도로연비도 표시된다. 이렇게 되면 2011년 기준으로 연비 18.9km/ℓ의 1등급 자동차는 강화된 규정에 따라 연비가 16km/ℓ로 낮아지고 도심연비(12km/ℓ)와 고속도로연비(18Km/ℓ)가 표시된다.

2012년에는 등급별 기준(ℓ당 거리와 분포율)에 따라 1등급은 16킬로미터 이상으로 7.1퍼센트의 비중을 차지하게 된다. 이어서 2등급(15.9~13.8킬로미터, 16.5퍼센트), 3등급(13.7~11.6킬로미터, 25.9퍼센트), 4등급(11.5~9.4킬로미터, 18.9퍼센트), 5등급(9.3킬로미터 이하, 31.6퍼센트) 등으로 분포된다. 자동차의 품질향상과 연비개선이 이뤄지면 2014년에는 1등급 비중이 12.7퍼센트로 높아질 것으로 정부는 예상하고 있다.

2012년부터 본격적으로 판매될 예정인 전기자동차는 내연기관 차량과 동일한 시험방법(도심 주행 및 고속도로 주행)을 적용하되 연비표시(km/kWh) 항목은 도심 주행, 고속도로, 복합연비와 1회 충전주행거리를 표시하도록 할 예정이다. 연비표시방법은 도심 주행과 고속도로 주행 시험 값에 각각 0.7의 보정계수(할인율)를 적용해 표시된다. 2012년에 출시되는 신차 승용차와 3.5톤 미만의 화물차는 모두 새 기준을 따라야 한다.

자동차업체들은 기존에 판매된 모델의 경우 2013년부터 바뀐 기준으로 표시해 판매해야 한다. 정부는 소비자가 고효율 차량을 쉽게 비교해 선택할 수 있도록 연료별(휘발유/경유/LPG), 배기량별(cc) 연간 유류비용 정보도 비교사이트(가칭 '효율바다')에 제공할 계획이다.

이와 함께 2012년 11월부터는 자동차 타이어에도 에너지소비효율 등급표시가 의무화된다. 수요가 적은 대형트럭과 특수차량은 제외됐고 소형트럭용 타이어는 2013년 11월부터 적용된다. 타이어의 에너지소비효율등급은 제품의 회전저항(마찰력)과 젖은 노면에서 제동력을 측정해 1∼5등급으로 나눈 것이다.

타이어는 바닥에 닿는 마찰력, 즉 회전저항이 적을수록 자동차의 연료 소비를 줄여준다. 에너지관리공단에 따르면 통상 타이어의 회전저항이 10퍼센트 감소하면 약 2퍼센트의 연비 개선 효과가 있는 것으로 조사됐다. 이에 따라 소비자들은 구매에 앞서 인터넷에 공개된 타이어의 제품별 연비 등급을 보고 비교할 수 있다.

타이어의 에너지소비효율등급제도 역시 미국과 일본, 유럽연합이 2012년에 이와 유사한 제도를 시행할 계획이어서 타이어 수출물량이 많은 우리나라도 이에 발맞추려는 의도다. 국내 타이어 수출량의 28퍼센트를 차지하는 유럽연합은 2012년 11월부터 타이어에 연비등급을 표시하지 않으면 아예 해당 제품의 수입을 금지하기로 했다.

자동차에 대한 각종 기준이 까다롭게 개편되는 만큼 자동차, 부품, 타이어 업체들의 기술개발 노력도 본격화될 전망이다. 현재 기준대로 하면 1등급 연비라고 자랑하던 차량들이 줄줄이 2, 3등급으로 내려가게 되니 이 기준을 맞춰야 소비자들의 사랑을 계속 받을 수 있기 때문이다.

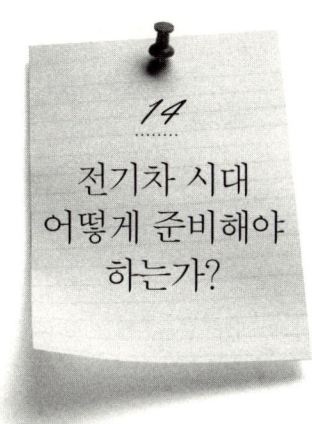

# 14

# 전기차 시대 어떻게 준비해야 하는가?

2011년이 기존 자동차의 개념을 뛰어넘은 그린카(Green Car) 시대의 원년이라면, 2012년은 진정한 그린카인 전기자동차 시대의 원년이다. 그린카는 그린동력시스템을 갖춘 덕에 기존의 내연기관에 비해 연비가 높고 배출가스나 이산화탄소 배출량이 적은 차를 의미한다. 여기서 그린동력시스템은 휘발유, 경유, 액화석유가스 같은 화석연료를 사용하지 않아 배출가스나 이산화탄소 등이 발생하지 않는 무공해 동력시스템을 말한다. 대표적인 그린카로는 하이브리드차(HEV), 플러그인 하이브리드차(PHEV), 수소연료전지차(FCV), 전기자동차(EV, 이하 전기차) 등을 꼽을 수 있다.

하이브리드차는 내연기관과 전기모터의 동력을 조합·구동해 내연기관차보다 고연비에 고효율이다. 플러그인 하이브리드차는 가정용 전기를 배터리에 충전해서 쓸 수 있다. 수소연료전지차는 수소탱크를 통해 수소와 산소를 반응시켜 전기를 생성하는 연료전지가 내연기관을 대체한 자동차다. 전기차는 배터리와 전기모터의 동력만으로 구동한다. 전기차는 휘발유, 경유로 엔진을 돌리는 기존의 내연기관 차량과는 개념 자체가 다르다. 전기모터로 차를 움직이기 때문에 배터리와 모터만 있으면 된다. 전기요금이 저렴하고 기존 주유소처럼 충전소를 쉽게 찾을 수 있다면 이보다 좋을 수 없다.

전기차는 그동안 시속 60킬로미터를 달리지 못하는 저속 전기차가 활발히 개발돼 시판됐다. 하지만 그 속도로는 고속도로는커녕 시내주행도 어렵다. 고속도로를 달릴 수 있는 고속전기차는 고속도로 속도기준(50킬로미터 이상 110킬로미터 이하)을 적용받았고 1회 주행거리는 현대차 블루온을 기준으로 배터리용량에 따라 복합모드 측정 시 82킬로미터 이상 또는 도시모드 측정 시 92킬로미터 이상으로 설정했다. 즉, 한 번 충전하면 최소한 80킬로미터 이상은 달려야 한다.

2011년에는 현대자동차에서 고속전기차 블루온과 소나타 하이브리드가, 기아자동차에서 K5 하이브리드와 레이가, 한국지엠에서 국내 최초로 준대형 하이브리드인 알페온이 출시돼 그린카 시대를 열었다. 이제 기아자동차는 2014년에 쏘울의 후속 전기차 모델을 내놓을 예정이고 현대자동차는 2015년에 아반떼를 모델로 준중형급 전기차를 출시할 예정이다. 르노삼성자동차는 2012년 말에

SM3의 전기차 모델을 내놓고 한국지엠은 미국 본사에서 시판하고 있는 전기차 볼트를 국내에서 판매할 예정이며 자체 모델인 스파크의 전기차는 2013년부터 판매할 계획을 갖고 있다. 쌍용자동차는 2015년부터 전기차를 판매할 예정이다.

해외에서는 미국 GM의 볼트와 일본 닛산의 리프, 미쓰비시의 아이미브가 양산체제를 가동 중이며 독일 BMW의 i3, 미국의 포드 등도 전기차 출시를 서두르고 있다.

2012년이 전기차의 원년인 이유는 정부가 전기차를 구입하는 소비자들에게 세제혜택을 주기로 했기 때문이다. 정부는 친환경차에는 취득세, 소비세 등을 일부 깎아줘 왔는데 지금까지는 하이브리드차량에만 적용돼왔다. 그런데 2012년부터 전기차에 적용되면 시중 판매가격의 평균 10퍼센트까지 부담이 줄어든다.

전기차를 구매할 때 정부가 주는 최대 면제금액은 개별소비세 200만 원, 교육세 60만 원, 취득세 140만 원, 공채할인금액 20만 원 등 420만 원이다. 차량 판매가격대별 세제혜택은 5,000만 원 기준이 420만 원으로 가장 크고, 4,000만 원 기준이 381만 900원, 3,000만 원 기준이 326만 5,000원, 2,000만원 기준이 245만 9,000원, 1,000만 원 기준이 123만 원 등이다.

정부가 계산해보니 휘발유 리터당 평균 1,726원을 기준으로 연비 15.1km/ℓ인 가솔린차(1,399cc)와 연비 8.1km/kw인 전기차의 킬로미터당 연료비를 비교할 경우 전기차의 1킬로미터당 평균 연료 구입비는 19원으로 가솔린차(114원)의 17퍼센트에 불과하다. 한

달 연료비로 환산하면 같은 거리를 기준으로 가솔린차의 휘발유 값은 평균 12만 7,166원이지만 전기차의 월 전기요금은 평균 2만 2,670원이다.

문제는 배터리다. 아직까지는 배터리 기술이 제대로 발달하지 못해 전기차 가격을 배터리가 좌우한다. 차량 한 대 가격의 절반을 배터리가 차지하고 있어 웬만한 전기차는 5,000만 원이 넘는다. 5,000만 원짜리 전기차를 420만 원 정도 싸게 산다고 해도 대형 세단 가격에 맞먹는 셈이니 부담은 여전히 크다.

그래서 자동차업계나 소비자, 시민단체에서는 전기차 대중화를 위해 세제지원에 추가로 보조금도 줘야 한다고 주장한다. 세제지원은 정부가 자동차에 매기는 세금을 받지 않겠다는 것이나 보조금은 다르다. 정부가 전기차 구매자에게 직접 돈을 지원해주는 것이다.

정부는 공공기관의 전기차 구입에는 대당 최대 2,000만 원가량을 보조해준다. 전기차 가격이 5,000만 원이라면 보조금에 세제지원 등을 합해 2,500만 원이면 산다. 일반인이 구입할 때도 이 정도로 지원해준다면 전기차 수요는 폭발적으로 늘 수 있다. 실제로 미국은 전기차 구입자에게 7,500달러(800만 원), 일본은 139만 엔(1,900만 원), 중국은 6만 위안(1,000만 원), 영국은 최대 5,000파운드(850만 원)의 보조금을 세제지원과 별도로 지급하고 있다.

돈이 문제다. 정부는 보조금을 검토하고 있지만 아직까지 정하진 않고 있다. 전기차가 이산화탄소 배출이 없는 것을 포함해 장

점이 많다. 그런데 휘발유, 경유의 값 중 절반이 세금이라는 것이 걸린다. 전기차에 보조금을 주면 휘발유·경유 차량 운전자에게 걷은 세금을 전기차 구입자의 보조금으로 줘야 하는 역설이 발생한다는 말이다. 휘발유·경유차 운전자들의 불만이 폭발할 것은 불 보듯 뻔하다. 게다가 글로벌 경제위기로 나라재정을 튼튼히 해야 할 판에 전기차에 보조금까지 주게 되면 나라곳간은 비게 된다. 무엇보다 전기차로 차량구매가 몰리면 보조금은 기하급수적으로 늘어나게 되니 정부에서는 분명 부랴부랴 보조금 지급을 제한할 것이다. 다시 국민들 불만이 커지는 상황이 될 수 있다.

결국 정부와 업계가 배터리 등 전기차 핵심부품의 기술개발로 차값을 낮추고 충전소 등 충전인프라와 요금체계 등의 제도를 서둘러 정비해야 한다. 여기에 세제지원과 일정한 보조금 지급이 실현되면 자연스레 전기차의 판매가격도 낮아질 것이다.

아울러 2012년에는 전기차를 빌려 타는, 이른바 카쉐어링(Car Sharing) 사업이 시범적으로 실시된다. 카쉐어링이란 자동차를 빌려 쓰는 제도 중 하나로 렌터카와는 달리 주택가 근처에 보관소를 두고 있으며 주로 시간단위로 차를 쓰고 가져다주는 방식이다. 경기도 분당에 사는 직장인이라면 분당에서 전기차를 빌려 직장이 있는 서울 삼성동에 타고 와 가까운 지점에 전기차를 반납하는 방식이다. 집에 갈 때는 반납한 곳에서 다시 전기차를 빌려 분당으로 간 후 집 근처 지점에 반납하면 된다.

2012년부터 2013년 상반기까지 시범사업을 진행해본 뒤 구체적인 사업 여부가 결정된다. 프랑스는 2011년 12월부터 한 번 충전으로 250킬로미터를 달릴 수 있는 전기차 66대를 투입해 주차장 겸 정거장 33곳을 기반으로 시범서비스를 실시하고 있다.

아직까지는 거리에서 전기자동차를 보기가 쉽지 않다. 하지만 전기차가 잇달아 출시되고 전기차 충전소가 늘어나면 2, 3년 뒤에는 도심과 고속도로를 질주하는 전기차를 만나는 일이 어렵지 않을 것이다. 전기차의 대중화가 내연기관으로 시작된 자동차 문화를 어떻게 바꿔갈지도 관심이다.

지금까지 자동차는 수만 개의 부품과 엔진이 결합된 제조업의 꽃이었다. 반면 전기차는 모터와 배터리의 힘으로 가는 제조업에 IT가 결합된 융합제품이다. 전기차를 과연 자동차로 불러야 할지 IT제품으로 불러야 할지 진지하게 고민할 시기가 점차 가까워지고 있다.

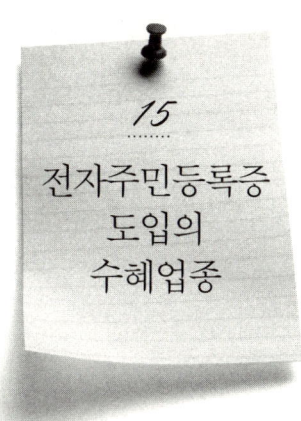

*15*

전자주민등록증
도입의
수혜업종

전자주민등록증 제도가 다시 수면 위로 떠오르고 있다. 정부는 2013년에 제도를 시행하기 위해 2012년부터 제도 도입을 위한 공론화와 법 개정작업을 서두를 계획이다.

현재 사용하고 있는 주민등록증은 1999년에 발급된 것으로 어차피 교체해야 할 시점이라는 것이 정부의 설명이다. 주민등록증은 주민등록 대상자 중 17세 이상 약 4,000만 명이 보유하고 있어 운전면허증(2,600만 명), 여권(1,700만 명)에 비해 보편적인 신분확인 기능을 하고 있다.

주민등록증은 1968년에 최초로 발급된 이래 1975년 1차 경신, 1983년 2차 경신, 1999년 3차 경신 등 평균 10년을 주기로 경신해 왔다. 외국의 경우, 나이별 용모변화의 정도를 감안해 5년 또는 10

년의 유효기간을 설정하고 유효기간 만료에 따라 개별적으로 재발급하고 있다. 반면 현재의 주민등록증은 1999년에 경신 및 발급된 것으로 12년이나 경과되어 용모가 바뀌거나 훼손된 증이 많아 교체해야 한다. 특히 2011년 7월부터 새 주소가 시행되어 현 주민등록증의 지번주소를 새 주소로 변경해야 할 필요가 있다는 점도 고려됐다.

전자주민등록증은 말 그대로 주민등록증에 작은 반도체칩(이하 IC칩)을 넣어 개인정보를 담는 것이다. IC칩을 내장한 전자주민등록증은 1998년에 도입하려다 시민단체의 반대로 무산된 전자주민카드가 시발점이다. 운전면허와 건강보험정보도 담긴 '통합주민증'이었던 것이 반대의 이유였다.

현재 OECD 34개 회원국 중에서 독일, 이탈리아, 네덜란드, 벨기에 등 11개 국가가 전자신분증을 도입해 운영하고 있으며 6개 국가는 도입 계획이 있다.

정부는 이왕 바꾸려면 위·변조에 취약한 현 주민등록증의 문제를 해결할 수 있는 전자주민등록증을 도입하는 것이 유리하다는 판단이다. 전자주민등록증에는 주민등록번호와 지문을 IC칩에 저장하는데 IC칩을 해킹하지 않고는 주민등록번호와 지문을 볼 수 없어 개인정보보호 측면에서 우월하다는 게 정부 주장이다.

전자주민등록증에는 이름, 사진, 주소, 발행일, 주민등록기관, 혈액형, 생년월일, 성별, 발행번호, 유효기간 등이 표기되고 IC칩에는 주민번호, 이름, 지문, 사진, 주소, 생년월일, 발행번호가 넣어진다.

주민등록번호의 남용을 완화하는 효과도 기대된다. 그동안 주민등록번호는 인터넷 사이트에 회원으로 등록할 때부터 전자상거래에 이르기까지 신분확인용으로 광범위하게 쓰이고 있어 개인정보가 남용되었다. 반면 전자주민등록증에는 발행번호와 유효기간 등 현재 주민등록증에는 없는 정보가 표기돼 있어 이를 주민등록번호 대신 사용할 수 있다. 신용카드를 분실하면 새로운 번호가 부여된 카드를 새로 발급받듯이 전자주민증의 발행번호도 본인의 의사에 따라 바꿀 수 있다.

하지만 여전히 위험하다는 주장도 많다. 일각에서는 2010년 8~11월 전자여권 신청자 92만여 명의 주민등록번호, 여권번호, 여권발급일, 만료일 등 신상정보가 여권발급기 운용업체 직원들에 의해 본사로 유출된 점을 들어 위험하다고 반대하고 있다. 또한 전자신분증의 '칩'에 포함되는 개인정보가 디지털로 집적되고 네트워크로 유통되는 만큼 개인정보 오남용과 유출사고의 위험 및 규모는 훨씬 커질 수밖에 없다는 지적이다.

갑론을박의 찬반논란을 뒤로 한다면, 전자주민등록증의 도입은 정보기술업계로서는 큰 호재다. 전자주민등록증은 위·변조가 불가능한 보안장치와 보안기술을 적용해 제작단가가 상승하게 된다 (주민등록증을 개선할 경우 드는 비용이 4,400원이지만 전자주민등록증을 발급받을 때 드는 비용은 6,700원). 또 전자주민등록증의 발급시스템 구축 등이 포함되어 교체발급이 이뤄지는 5년간(2013~2017년)

약 2,918억 원이 소요된다. 전자주민증에 들어가는 IC칩도 수천만 개가 필요하고 이를 판독하는 판독기는 공공기관, 금융기관, 병원, 학교, 부동산 등에서 광범위하게 사용된다. 관련 시장이 커진다는 말이니 관련 업체에는 호재가 분명하다.

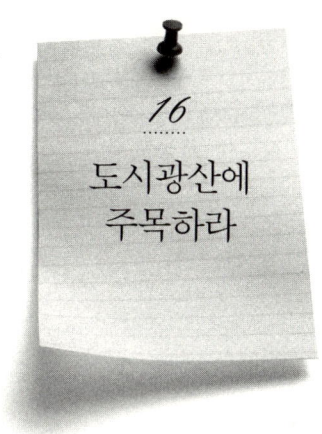

## 16
## 도시광산에
## 주목하라

일본의 요코하마금속이라는 회사는 일본 최초로 휴대전화에서 금을 추출하는 데 성공한 기업이다. 120여 년 역사의 이 기업은 1990년대 중반부터 폐기된 컴퓨터에서 귀금속을 추출하는 사업을 시작했는데 이후 휴대전화에서 금을 추출하기 시작했다. 이 회사의 한 해 총매출은 5,340억 엔으로 희소금속 추출로만 730억 엔을 벌었다.

이처럼 폐가전제품이나 버린 휴대전화 등에서 돈이 되는 금속을 추출하는 사업을 도시광산(urban mining)이라고 한다. 도시광산이라는 용어는 1980년대 일본 도호쿠대학교 선광제련연구소의 난조 마치오 교수가 처음 사용했다. 광산이 산간오지가 아니라 도시에 버려진 물건들 사이에서 유용한 광물을 얻는다고 해서 붙여진 말이다.

일본은 1990년대부터 도시광산 사업을 본격적으로 벌여 도시광산의 선진국으로 불린다. 일본의 한 연구소가 파악한 바로는 2007년을 기준으로 일본 도시광산에 매장된 금이 6,800톤, 은 60,000톤, 액정표시장치인 LCD에 사용되는 인듐 1,700톤으로 추산됐다. 지구 전체에 파묻힌 금이 4만 2,000톤이라고 하니 일본의 도시에서만 세계 금 매장량의 16퍼센트가 묻혀 있는 것이다.

도시광산은 환경적인 면과 경제적인 면에서 자연광산보다 효율적이다. 예를 들어 금 원석 1톤에서 채취할 수 있는 금의 양은 평균 4그램에 불과하다. 그런데 버려진 휴대전화 1톤에서는 약 280그램을 추출할 수 있다.

자연광산에서 금속을 캐려면 수많은 나무를 베어야 하고 지하 수십, 수백 미터까지 갱도를 뚫어야 하며 채굴과정에서 막대한 흙과 오염물질이 산과 지하수를 오염시킨다. 반면 도시광산은 휴대전화, 폐가전제품을 회수하고 분리·선별한 뒤에 제련과 정련과정을 거치면 되기 때문에 자연광산에서 채굴하는 것보다 여러모로 효율적이다.

요즘 도시광산에서 가장 주목받는 폐자원이 버려진 휴대전화다. 채굴된 금광석(금을 함유한 광석)과 휴대전화 1톤당 금 함량이 금광석은 5그램인데 비해 휴대전화는 400그램, 컴퓨터는 52그램, 폐가전제품은 20그램에 이른다. 연간 1,000만 대에 가까운 휴대전화와 냉장고, 세탁기, 컴퓨터 등의 폐가전제품을 재활용하면 금

3,574톤, 은 20톤, 팔라듐 1,572킬로그램, 탄탈륨 4,000킬로그램을 얻을 수 있다. 금액으로 따지면 2,000억 원이 넘는 어마어마한 자원인이다.

우리나라에서는 지난 2010년 한 해에만 버려진 휴대전화가 약 1,844만 대나 발생했지만 수거된 물량은 약 25퍼센트에 불과했다.

휴대전화 보급 수는 우리나라 전체 인구를 넘어섰고 2010년에 판매된 휴대전화는 2,700여만 대로 그중 스마트폰은 2,000만 대가 넘게 보급됐다. 국민 2명 중 1명꼴로 휴대전화를 바꾼 셈이다. 스마트폰의 보급이 늘수록 기존의 휴대전화는 장롱폰이 된다. 휴대전화의 제조사, 통신사들이 버려진 휴대전화 수거 캠페인을 활성화하고 소비자들이 장롱폰을 과감히 꺼낸다면 국내 도시광산의 성장 가능성은 무궁무진할 것이다.

휴대전화 한 대에는 희소금속 20여 종이 11.5그램, LCD 패널에 344그램, 가전제품 모터에 335.4그램, 자동차 한 대에는 무려 4.5 킬로그램이 들어 있다. 국내 자동차 1,800만여 대에 포함된 희소금속은 8만 2,000톤에 이른다.

삼성경제연구소는 휴대전화, 가전, 자동차를 포함한 국내 도시광산의 희소금속이 3만 8,000톤으로 그 잠재가치를 9,803억 원으로 추정했다. 친환경차가 더 많이 보급되고 2차 전지와 스마트폰 등 소형 디지털기기의 수요가 늘어나는 2020년에 가면 잠재적 가치가 33조 원에 이를 것으로 내다봤다.

정부는 버려지거나 쓰지 않는 휴대전화의 수거와 재활용을 위해 이동통신사들에 판매량의 일정량을 회수의무량으로 정해 수거율을 높이고 소비자들이 새 휴대전화를 살 때 쓰던 제품을 반납하면 다양한 인센티브를 줄 예정이다.

대기업들도 도시광산사업에 뛰어들고 있다. 포스코의 비철금속사업을 담당하는 포스코엠텍은 희소금속 리사이클링 전문업체와 폐자원 회수·가공 전문업체들을 잇달아 인수했다. 이미 이 사업을 벌이고 있는 LS니꼬동제련은 2020년 도시광산사업 매출목표를 7조 원으로 세웠다.

하지만 도시광산을 제대로 활성화하기에는 아직 갈 길이 멀다. 휴대전화, 폐가전제품의 회수율도 저조하지만 무엇보다 금속을 폐제품에서 뽑아내 상용화하는 활용기술이 뒤처져 있다. 폐제품의 금속을 정련 및 제련할 때 발생하는 부산물 처리기술은 선진국의 50퍼센트 수준이며 희소금속을 추출해 상용화와 재가공하는 기술은 20퍼센트 수준이다. 특히 인듐, 텔루륨, 니켈 등 18가지 금속을 동시에 처리하는 복합광물 처리기술은 일본, 벨기에, 캐나다만 갖고 있다. 그래서 우리나라는 폐제품을 그대로 선진국에 수출하고 재정제 과정을 거쳐 가공된 제품을 5배에서 최대 15배 이상 비싼 가격으로 재수입하고 있다.

세계적으로 자원의 무기화가 더욱 공고히 되고 있는 요즘 같은 시대에는 자원이 없으면서도 자원소비가 많은 우리나라의 경우 필요한 자원을 더 비싼 가격으로 사와야 한다.

자원전쟁에 대비하기 위해서는 정부와 기업들이 환경을 보호하면서도 도시광산을 제대로 재활용하는 연구와 기술 개발에 투자를 확대하고 폐제품의 회수율을 높이기 위한 다양한 이벤트와 인센티브를 제공해야 한다.

## 17

# 한국어가
# 돈도 벌고
# 일자리도 만든다

K-POP을 대표로 한 한류(韓流)바람이 주변국인 일본, 중국, 동남아시아를 넘어 미국, 유럽, 중남미 등 전 세계로 확산되고 있다. 이렇게 전파된 우리나라의 음악, 드라마, 영화 등을 즐기는 외국인들이 가장 먼저 하는 것이 바로 한국어 공부다. 한국어를 공부한다는 것은 단순히 한글을 배운다는 데 그치는 것이 아니라 한국이라는 나라에 관심을 갖는다는 것을 의미한다.

국립국어원에 따르면 전 세계에서 한국어를 사용하는 인구는 7,700만 명이다(2010년 기준). 언어별 인터넷 사용자 순위에서 한국어 사용자는 3,750만 명으로 세계 10위다. 한국어가 영어, 중국어, 프랑스어처럼 유엔이 지정한 공용어가 아닌데도 이 정도 쓰이는 것을 보면 한국어도 우리만의 언어에서 벗어나 세계인의 언어가

될 가능성이 충분하다. 따라서 한국어의 세계화는 한국이라는 국가브랜드와 이미지가 높아지고 한국인, 한국기업에 대한 인식도 크게 바꿔놓을 수 있는 아주 좋은 기회가 된다.

그런데 재외 한글교육기관은 한류열풍이나 한국어에 대한 세계인의 관심과 배움의 욕구를 충족시키지 못하는 상황이다. 한국문화원, 한국교육원, 한글학교 등의 단체들이 통합된 세종학당이 있지만 규모나 교육의 질이 부족하게 보인다.

세종학당은 외국에서 외국인에게 한국어를 가르치고 한국문화를 알리는 기관으로 현재 31개국 60곳에 있다. 하지만 중국, 동남아시아, 유럽에 주로 편중돼 있고 미국에는 3곳, 캐나다에는 1곳, 남미에는 아르헨티나 1곳에 불과하다. 전 세계적으로 스페인어를 배울 수 있는 곳이 5,000곳, 중국어는 1,000곳, 일본어는 700곳인 것과는 비교할 수준도 안 된다.

정부가 2012년을 한국어 세계화의 원년으로 삼아 외국인들이 '수준 높은 한국어 교육을 어디서든 쉽게 받을 수 있도록' 지원을 대폭 강화하기로 했다. 이를 위해 문화체육관광부가 '2012년 한국어 세계화 3대 추진 과제'를 내놓았다.

그중 주목할 내용은 누구나 쉽게 한국어를 배울 수 있도록 한국어 교육 접근성을 확대한다는 것이다. 유럽, 아메리카 등 한류 확산지역과 고용허가제에 따른 외국인력 송출국가 등 한국어 학습 수요가 높은 곳에 세종학당 30곳을 추가로 개설할 계획인데 올해 90개로 시작해 2015년까지 500개로 늘린다고 한다. 세종학당도 영국의 브리티시카운슬(영국문화원)이나 독일의 괴테 인스티튜트(독일문화원) 등처럼 단계별로 체계화된 언어교육을 하게 되며 전 세계에 퍼져 있는 세종학당을 총괄적으로 지원하고 관리할 공신력 있는 기관(가칭 '세종학당재단')도 설립된다.

한국어능력시험(TOPIK)은 해외 32개국 122개 지역에서 매년 시행되고 있다. 인도네시아 소수민족인 찌아찌아족은 한글을 공식 표기문자로 도입했고 남미 볼리비아의 수도 라파스에서 원주민인 아이마라족 공동체를 대상으로 한글 시범사업도 진행되고 있다.

한국어의 세계화는 기업에 새로운 기회가 된다. 한국어에 관심이 많은 해외 현지 소비자를 대상으로 한국어 및 한류문화 이벤트를 열어 기업의 이미지를 높이고 지역사회에 공헌한다는 모습도 보여줄 수 있다. 한글의 자음이나 모음, 혹은 단어를 이용해서 브랜드나 제품명을 만들어 내놓으면 해외 소비자에게 접근하기 용이할 것이다.

한국어를 배우는 열기가 높아지면 해외에 위치한 한국 기업에 입사하려는 지원자가 늘 것이고 기업들은 한국어와 현지어 등 두 나라의 문화를 잘 아는 현지 인력을 채용할 수 있어 글로컬라이제이션[Glocalization, 세계화(Globalization)와 지역화(Localization)의 합성어로 세계화와 현지화를 동시에 이뤄 시너지 효과를 극대화하려는 다국적 기업의 현지 토착화를 의미] 경영에 새로운 전기를 맞이할 가능성도 높다.

민간 교육기관이나 학원의 해외 진출도 늘어나고 한국어 교육

용 교재, 출판물, 멀티미디어영상. 게임, 드라마, 영화 등의 개발
과 보급 및 번역사업도 활성화될 수 있다.

이를 위해서는 정부나 기업이 한국어의 세계화가 한류열풍에
편승한 반짝 사업, 반짝 관심으로 흐르지 않도록 체계적이고 꾸준
히 관심과 지원을 하며 중장기적인 프로젝트로 운영해야 한다.

# 2012

## 1분기

**1월** *January* 60년만의 흑룡의 해
유통업체 수수료 인하의 여파
점점 커지는 반려동물산업 규모
'독서의 해'가 출판업계에 좋은 소식을 가져다줄까?

# Business Plan

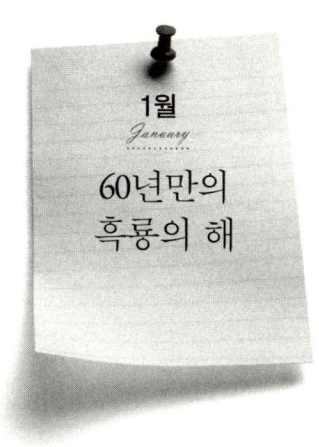

지난 2011년 12월 5일, 우리나라의 연간무역 규모(수출과 수입을 합한 금액)가 1조 달러를 넘었다. 연간무역 1조 달러를 달성한 나라는 미국, 독일, 일본, 중국, 프랑스, 영국, 네덜란드, 이탈리아뿐이다. 모두 세계를 호령했던 제국이고 지금도 세계무대에서 막강한 영향력을 발휘하고 있다. 우리나라가 이 대열에 아홉 번째로 들어설 수 있었던 원동력은 바로 수출이다. 우리나라의 무역 의존도가 1980년 31.7퍼센트에서 2010년 84.6퍼센트로 높아진 것만 봐도 무역은 우리나라 경제성장의 견인차다.

하지만 뒤집어보면 우리나라의 경제가 투자나 소비보다 과도하게 수출에 의존하고 있다는 말이 된다.

소비는 바로 내수다. 국내에서의 수요, 즉 내수와 수출이 골고

루 되어야 나라경제가 안정적으로 성장할 수 있다. 그런데 가계소득은 제자리고 물가만 오르니 내수가 위축될 수밖에 없다. 소비자들의 닫힌 지갑을 열기 위해서는 모멘텀(Momentum, 동력)이 필요하다. 기업들은 그 모멘텀을 찾기 위해 다양한 용어와 이벤트를 만들어 소비자를 유혹한다. 2012년 1월부터 기업들이 내세울 모멘텀 중 하나가 바로 '용(龍)'일 것이다.

2012년은 용띠 해다. 12간지의 띠로 보자면 양력 1월 23일이 음력 1월 1일로, 임진(壬辰)년이다. 2011년 하반기부터 각종 포털에서는 '60년 만에 돌아오는 흑룡의 해'라는 말이 우후죽순처럼 늘어났다. 임진의 임(壬)은 물을 상징하는 동시에 검은색을 의미하고 진(辰)은 용이니 '임진'은 흑룡이라는 말이다.

용은 비바람의 조화를 부리는 신기한 상상의 동물로 옛날에는 임금을 상징했다. 임금이 입던 옷은 용포(龍袍), 임금의 얼굴은 용안(龍顏), 임금이 정무를 볼 때 앉던 자리를 용상(龍床)이라 했다. 예로부터 용꿈을 꾸고 아이를 잉태해 출산하면 그 아이는 아주 훌륭한 재목이 된다고 여겼다. 흑룡띠의 해에서 얻을 수 있는 비즈니스 기회는 그전의 사례를 보면 알 수 있다.

정해년(丁亥年)인 2007년은 '600년 만에 돌아온 황금돼지띠 해'라고 해서 전국이 떠들썩했다. 이 시기에 태어난 자녀들은 풍요롭게 살고 생산성이 많은 돼지처럼 아이도 잘 낳고 돈도 잘 벌 수 있다고 했다. 그래서인지 출산 열풍이 불었고 유아용품부터 병원, 산후조리원은 물론이고 카드회사 등 금융권까지도 황금돼지 마케팅이 커다란 반향을 일으켰다.

2010년에는 경인년(庚寅年)이라고 해서 호랑이띠의 해 가운데서도 백호랑이띠의 해라고 했다. 경인년의 경(庚)은 흰색과 서쪽, 금(金)을 뜻하기 때문에 60년 만에 돌아오는 백호랑이띠라는 것이다. 백호랑이의 기운을 받으니 이때 태어나는 아이가 남자이면 무관, 공직 등의 분야로 진출하고 여자이면 의사, 약사 등이 될 거라는 말이 있어서 그 당시에도 결혼, 출산 붐이 일었고 관련 특수도 생겼다.

통계청 조사를 보면 2007년 황금돼지띠 해의 출생아 수는 49만 3,189명이었다. 그전에는 매년 출생아 수가 줄었는데 특히 전 해인 2006년(44만 8,153명)보다 4만 5,000명이 더 태어났다. 2008년에는 46만 5,892명으로 다시 출생아 수가 줄었다. 그런데 백호랑이띠 해인 2010년에는 47만 명으로 3년 만에 다시 증가했다. 2011년은 신묘년(辛卯年)인 토끼띠 해였는데 특별한 의미가 없는 데다 경기도 어려워 비교적 조용하게 지나갔다.

2012년에는 유아용품업체, 제과업체, 백화점 및 대형마트 등 유통업계, 은행과 보험사 등 금융업계, 호텔과 여행사 등 관광업계, 산부인과, 산후조리원, 요식업체 등 내수 관련 기업들 대부분에서 흑룡띠의 바람을 일으키기 위해 흑룡을 강조한 이벤트와 마케팅을 펼칠 것으로 보인다.

저출산을 우려하는 정부도 60년만인 흑룡의 해에 흑룡 같은 자녀를 낳자는 출산장려 캠페인을 벌일 수도 있다. 유통업계는 흑룡의 해를 기념한 각종 이벤트를 열며 소비자를 유혹할 것이고 금융업계는 용의 해에 태어난 고객들에게 선물을 준다거나 신규고객에게 다양한 혜택을 제공할 것이다. 또한 여행사, 호텔 등 관광업계는 올해에 결혼하는 커플을 상대로 용과 관련된 여행지의 여행상품을 내놓을 수도 있다.

또한 2012년에는 윤달이 있다. 음력 3월이 두 번으로, 윤달 3월(양력 4월 21일부터 5월 20일)이 한 번 더 있다. 윤달은 한 달이 덤으로 있는 달이라고 해 부정을 타지도, 액이 끼이지도 않는 달로 인식됐다. 그래서 윤달에 집을 수리하거나 이사를 가기도 하고 집안 어른의 수의를 만들어놓으면 좋다는 속설이 있다. 결혼도 윤달에 하면 좋다는 설과 좋지 않다는 설이 있지만 국내에서는 윤달을 피해 결혼을 해야 한다는 설이 지배적이다.

이처럼 흑룡의 해에 윤달까지 있으니 장묘업체, 이사업체, 집수리업체도 윤달마케팅을 펼칠 것이다.

사실 흑룡의 해도, 윤달도 모두 속설이다. 믿어도 그만이고 안 믿어도 그만이다. 믿어도 그저 재미로 믿으면 그만이다. 기업들이 소비자를 속이지 않는 선에서 마케팅을 하고 소비자도 즐거운 마음으로 참여한다면 내수가 어느 정도 살아나지 않을까 생각된다.

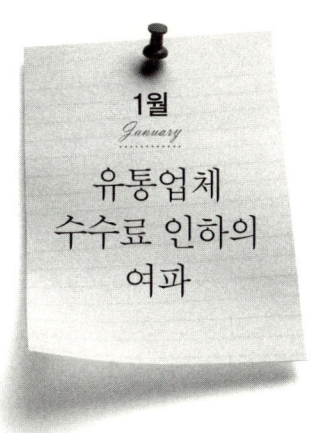

백화점과 홈쇼핑, 대형마트 등 국내 유통산업을 이끄는 롯데백
화점, 신세계백화점, 현대백화점 3인방의 2011년 운은 좋지 않았
다. 정부가 국정 후반기의 정책기조인 공생발전에 따라 '대중소기
업 동반성장 대책'을 강도 높게 추진하면서 불공정행위, 부당행위
를 속속들이 들춰내 근절방안을 마련했고 협력 중소기업에 판매
수수료도 내리도록 했다. 3인방 입장에서는 억울한 측면도 있을
수 있지만 규제의 칼을 쥔 정부가 워낙 강하게 밀어붙였고 여론도
중소기업과의 동반성장에 나서라는 분위기여서 불리했다.

애초에 정부 규제의 원인을 제공한 쪽은 유통업체들이다. 유통
업계를 취재해본 필자가 보기에 백화점의 영업행태는 전혀 신사
답지 않았다.

명품 브랜드나 매출이 좋은 브랜드가 아니면 백화점 입점은 하늘의 별따기다. 입점 자체도 어렵고 입점해도 자리를 계속 지키는 것이 매우 힘들다. 매출이 저조하면 백화점에서 바로 퇴출된다. 그런데도 백화점에 목을 매는 이유는 기업과 브랜드의 가치, 신뢰도가 올라가기 때문이다. 한 백화점에 들어가면 다른 백화점에 입점하거나 대리점을 모집해 규모를 키울 수 있는 토대가 된다. 문제는 백화점이 업체들의 이런 속사정을 너무 잘 안다는 점이다.

국내 백화점들은 제품을 구입해 판매하지 않는다. 매장 대부분을 입점업체에 내주고 매월 업체 매출에서 일정 비율을 수수료로 챙긴다. 경품행사는 물론 계절마다 달라지는 매장 인테리어 비용 등도 입점업체가 모두 부담해야 한다.

공정거래위원회가 백화점을 조사해 보니 판매수수료(32퍼센트), 판촉사원 인건비(10퍼센트), 인테리어 비용(5퍼센트) 등을 모두 합치면 중소 납품업체가 백화점에 입점해 부담하는 비용이 매출액의 47퍼센트까지 증가했다고 한다. 소비자가 제품을 10만 원에 구입하면 백화점이 절반가량을 떼고 납품업체에 주는 셈이다. 돈을 주는 시기도 한 달 판매를 마감하고 2, 3개월 뒤에 줄 때도 있다.

백화점 입점에 따른 비용은 중소 납품업체의 수수료 및 추가부담 상승으로 이어지는 동시에 이익감소로 연결된다. 이익이 줄면 상품개발 등 투자가 위축되고 제품의 품질개선도 어려워진다. 이는 판매부진의 결과를 낳는데 그 과정에서 수수료 및 추가부담 상승이라는 악순환이 반복된다. 대형마트나 홈쇼핑도 사정만 조금씩 다를 뿐 마찬가지다.

2012년 1월부터 백화점, 대형마트, 홈쇼핑 등 대형 유통업체들은 상품판매대금을 입점업체에 월 판매마감일로부터 40일 이내에 지급해야 한다. 판촉비용은 납품·입점업체에 절반 이상을 부담하도록 하면 안 된다. 즉, 최소 절반은 백화점이 부담해야 한다. 소매업종 매출액 1,000억 원 이상 또는 매장면적이 3,000제곱미터 이상인 점포를 영업에 사용하는 대규모 유통업체가 이러한 사항을 지켜야 한다. 백화점, 대형마트(기업형 슈퍼마켓 포함), TV홈쇼핑, 편의점, 대형 서점, 전자제품판매전문점, 인터넷쇼핑몰(오픈마켓 사업자 제외) 등이 해당된다. 이를 어기면 최고 2년 이하 징역 또는 1억 5,000만 원 이하의 벌금에 처해진다. 지금까지 공정거래위원회의 내부고시로 불공정행위를 단속하고, 걸리면 과징금을 물리던 것에서 한 걸음 더 나아가 형사처벌까지 할 수 있도록 했다.

또한 2012년 1월부터 롯데백화점, 신세계백화점, 현대백화점은 판매수수료를 3~7퍼센트 포인트 내린다. 갤러리아백화점, NC백화점, AK플라자 등은 1~7퍼센트 포인트 내린다. 대형 백화점에 납품하는 의류업체라면 판매수수료율이 현재 32퍼센트에서 25~29퍼센트 수준으로 내려가게 된다.

납품업체들은 환영할 일인 반면 수수료 수입이 줄어들 대형 유통업체로서는 울상이다. 그렇다고 줄어든 수수료 수입을 다른 방법으로 채우기도 어렵다. 정부가 물류비나 판촉사원 인건비, ARS 할인비용, 무이자 할부비용 등 다른 방식의 추가부담 상승으로 전

121

가되는 '풍선효과'도 감시하기로 했기 때문이다.

유통업계에서는 2012년을 유통 전반의 여건이 좋지 않을 것으로 보고 있다. 국내외의 불확실한 경제 여건으로 성장이 둔화되고 소득, 소비, 투자가 모두 줄어들고 있는 상황에다 법적인 규제도 강화돼 그간의 성장세가 다소 주춤할 것으로 예상하기 때문이다.

성장이 둔화되는 불황 속에서는 부자는 명품에 집중하고 서민은 알뜰상품에 몰리는 소비의 양극화가 일어나기 마련이다. 생필품은 저렴한 것을 쓰면서 특정용품만큼은 비싼 것을 사는 현상이 발생할 수도 있다. 이런 시장의 변화를 유통업체가 어떻게 헤쳐나갈지 궁금해진다.

한편에서는 오히려 정부의 규제와 판매수수료 인하 등의 악재가 이미 구체화돼 그동안의 불확실성이 해소됐고 수수료 인하 정도로는 대형 유통업체들의 매출이나 순익에 큰 영향을 주지 못할 것으로 예상하고 있다.

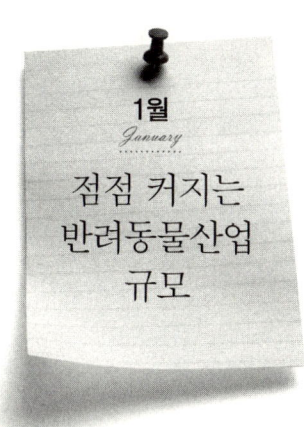

텔레비전을 보면 수많은 광고 중에서 유독 눈에 띄는 광고가 있다. 사람들의 기억에 남는 광고는 상품의 구매로도 이어지는데 그렇게 되면 광고의 목적이 달성된 것이다.

보통 광고는 몇 가지 법칙에 따라 만드는데 그중에서 역사적으로 실패하지 않는다는 법칙 중 하나가 '3B의 법칙'이다. 3B는 Beauty(미인), Beast(동물), Baby(아기)의 첫 글자를 따서 만든 단어이다. 광고의 효과를 높이기 위해 3B를 활용해서 제작해야 한다는 것이다. 한 연구에 의하면 동양권에서는 호감의 우선순위가 어린이인데 반해 서양권에서는 동물, 미인, 어린이 순이라고 한다.

최근에는 '3B의 법칙'이 달라졌다. '3B의 법칙'으로 광고, 마케팅을 하던 방법에서 3B를 타깃으로 해야 효과를 볼 수 있게 된 것이다. 그동안 3B 중 'Beauty(미인)', 'Baby(아기)'가 주목을 받았다. 여성뿐만 아니라 남성까지 외모에 관심이 높아지면서 화장품, 미용, 성형 등의 시장이 커졌고 저출산의 영향으로 자녀가 1명뿐인 가정이 늘면서 아이와 관련된 유아용품, 이유식, 학습지, 학원 등 키즈(kids)산업이 날로 성장했다. 그러다가 이제 3B 중 남은 하나인 Beast(동물)의 시장, 즉 반려동물산업이 폭발적으로 성장하고 있다. 반려동물(伴侶動物)은 동물을 반려자로서 대우한다는 의미로, 인간의 즐거움을 위해 기른다는 의미의 애완동물(愛玩動物)이라는 말 대신 쓰이고 있다.

반려동물산업이 성장하고 있는 이유는 새로운 가족의 개념으로, 20~30대 독신자와 자녀 없이 지내는 노년층에서 친구의 개념으로 반려동물을 많이 찾기 때문이다.

통계를 보면 국내에서 반려동물을 키우는 가정이 500만 세대에 이르는데 그중 개는 460만 마리, 고양이는 60만 마리가 넘는다고 한다. 2010년에 국립수의과학검역원이 전국 성인 2,000명을 대상으로 조사해 보니 반려동물을 키우는 가구 비율이 17.4퍼센트로 나타났다. 이 중 90퍼센트 이상이 개만 기르고 있었고 고양이만 기르는 비율은 약 10퍼센트였다. 개와 고양이를 다 기르는 비율은 1퍼센트 정도였다.

필자가 중고등학교를 다니던 1980년대까지만 해도 가정에서는 개나 고양이에게 가족이 먹다 남은 밥을 주는 일이 다반사였다. 개나 고양이만을 위해 나온 사료를 먹이거나 아프다고 수의사를 찾는 경우가 거의 없었다. 그러다 점차 국민소득이 높아지고 동물에 대한 관심이 높아지면서 개, 고양이 등이 친구, 가족의 범주 안에 들어오게 됐고 반려동물의 범위도 물고기, 곤충, 갑각류, 설치류, 양서류로 확대됐다.

반려동물에 대한 사람들의 관심이 높아질수록 지출도 늘어나기 마련이다. 현재 반려동물산업의 시장규모는 최소 1조 원에서 4조 원까지로 추정하고 있다. 반려동물산업의 선진국으로 10가구 중 6가구에 반려동물이 있는 미국은 550억 달러(60조 원), 일본은 1조 엔(14조 원), 중국은 60억 달러(6조 4,000억 원) 수준인 것으로 알려졌다.

국내 반려동물산업은 짧은 역사와 경제규모, 향후 전망 등을 감안하면 이제 성장기에 진입하는 단계다. 현재 국내 반려동물산업은 과거에 비해 한층 다양화·고급화되고 있는 추세다. 반려동물 전문점(소위 판매점), 동물병원, 사료와 용품점, 전문약품 정도였던 시장구조가 이제는 장난감, 의상, 간식, 영양식, 미용, 호텔, 화장품, 전문쇼핑몰, 베이커리, 카페, 동호회는 물론이고 대학교에는 애완동물학부까지 생겼다. 최근에는 반려동물만을 위한 장례업체가 등장하고 삼성화재나 LIG손해보험 등에서는 애견보험까지 나왔다. 애견보험은 애견들이 아프거나 다쳐서 병원치료를 받을 때 진료비, 치료비, 검사비, 입원비, 수술비, 약값, 주사비는 물론 응급실 비용까지 보험혜택이 적용된다. 병원비의 70퍼센트가 보험적용이 되니 나머지 30퍼센트만 본인이 부담하면 된다.

하지만 한편에서는 생명경시 풍조와 반려동물의 증가로 인해 반려동물을 잃어버리거나 버리는 현상이 늘고 있다. 키우던 사람들이 싫증을 내거나 병에 걸린 동물이 귀찮아서 또는 비용이 증가해 부담이 커질수록 이러한 현상이 늘어난다. 유기동물은 공립보호소 기준으로 2003년 2만 5,278마리에서 2010년 10만 마리 이상으로 크게 늘었다. 유가동물 가운데 절반은 안락사나 자연사하게 되는데 가족의 품을 다시 찾아간 동물은 5퍼센트도 안 된다.

2012년부터는 반려동물에 대한 보호장치가 강화된다. 동물을 학대할 경우 처벌수위가 강화되고 동물을 잃어버렸을 때 쉽게 찾을 수 있도록 제도도 보완됐다. 우선 동물학대 처벌이 최고 징역 1년에 1,000만 원 벌금으로 상향 조정되었다. 지금까지는 동물학대사건으로 기소되더라도 최고 500만 원 벌금에 그쳤다.

2013년부터는 키우고 있는 개를 해당 시군구에 모두 등록하는 등록의무제가 시행된다. 동물에는 마이크로칩이 부착돼 주인의 이름과 주소, 연락처, 개 특징 같은 것을 소상하게 기록한다.

　세계 10위권의 경제대국, 세계 아홉 번째로 연간무역 1조 달러를 달성한 나라, 동계·하계 올림픽·아시안게임·월드컵·세계엑스포·세계육상선수권대회·G20 정상회의·핵안보정상회의 등을 모두 유치한 나라가 바로 한국이다. 그런 한국이 생활환경과 삶의 질을 주거, 취업, 소득, 교육 등 11개 항목을 수치화한 경제협력개발기구(이하 OECD)의 행복지수에서 34개국 중 26위를 차지했다.

　OECD의 또 다른 조사를 보면, 2010년 한국 근로자의 연간 노동시간은 2,193시간으로 OECD 회원국 전체 평균인 1,749시간보다 440시간 이상 많았다. 440시간이면 거의 20일을 더 일했다는 말이다. 일이 많고 행복하지 않다 보니 머릿속에서 창의력이라든지 상상력이라는 게 나올 여유도, 시간도 없다.

다들 창의력과 상상력을 21세기 국가경쟁력의 원천이라고 말한다. 그런 창의력과 상상력은 독서가 원천이다. 그러나 현재 독서는 방송, 인터넷, 게임, 영상물, 스마트폰 등에 자리를 내주고 있다. 문화체육관광부의 '2010 국민 독서 실태조사' 결과, 성인의 독서율은 1994년 86.8퍼센트에서 2004년 76.3퍼센트, 2009년 71.7퍼센트, 2010년 65.4퍼센트로 계속 낮아지는 추세다. 만화 · 잡지를 제외한 일반 도서를 한 권이라도 읽은 비율이 10명 중 6.5명으로, 3.5명은 단 한 권도 읽지 않았다. 성인들의 여가시간 활용 중 독서 비중은 4.5퍼센트로 텔레비전 시청(28.7퍼센트), 인터넷(12.7퍼센트), 수면 · 휴식(9.5퍼센트), 운동(6.9퍼센트), 모임(5.6퍼센트), 집안일(4.9퍼센트)에 이어 7위에 그쳤다.

2010년에 책을 읽은 성인들의 독서량은 16.6권으로 2009년 15.3권보다 1.3권 늘어났다. 책을 읽은 성인의 월 평균 도서구입비는 9,800원이었다. 다른 조사를 보면 직장인은 책을 사는 데 한 달 평균 3만 2,000원, 술값으로는 12만 6,000원을 쓴 것으로 나타났다. 한 달 평균 독서량은 2.6권, 술자리 횟수는 5.8회였다.

2010년 12월 현재 우리나라의 공공도서관은 748개다. 인구 6만 8,000명당 1개관 수준이다. 미국의 3만 2,000명(2008년 기준), 영국의 1만 3,000명(2009년 기준), 독일의 9,000명(2009년 기준), 일본의 4만 명(2009년 기준)에 비해 턱없는 수준이다. 공공도서관의 장서 수는 2009년 12월 현재 6,500만 권으로 국민 1인당 장서 수는 1.26권이다. 이 역시 미국의 2.8권, 영국 1.6권, 독일 1.5권, 일본 3권보다 낮은 수준이다.

국민들의 독서량이 줄고 독서 인프라가 확대되지 않는다는 사실은 출판·인쇄 산업이 위축되고 있다는 것을 말한다.

독서에도 편식과 편중이 심화되고 있다. 한 오프라인 서점의 베스트셀러 100위권의 총 판매량이 200만 권을 넘어선 반면 신간 4만 5,629권의 평균 판매권수는 140권에 그쳤다.

국민 독서증진을 위해 영국은 1998년과 2008년, 일본은 2010년에 '국민 독서의 해'를 추진해 성과를 거두었다. 정부는 지금까지 매년 9월을 독서의 달로 정해 다양한 행사를 한 수준을 넘어 2012년을 '독서의 해'로 정하고 대대적인 행사를 준비 중이라고 한다. 문화체육관광부가 독서 인프라를 보강하고 독서캠페인을 벌일 예정이다.

2012년이 '독서의 해'로 시작된다면 정부가 예산을 많이 투입해 독서의 진정한 가치와 소중함을 일깨워줄 행사와 캠페인 등을 많이 벌일 것으로 보인다. 대표적인 행사로 정부와 지방자치단체, 공공기관, 기업들이 전통시장이나 자매결연마을, 사회취약계층을 돕듯이 국공립이나 사립도서관, 민간 사회복지시설, 취약계층 등에 필요한 책을 보내주는 운동 등을 펼칠 것이다.

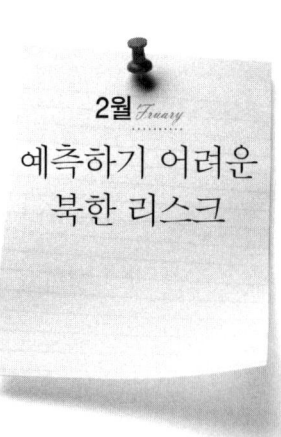

# 예측하기 어려운
# 북한 리스크

한동안 건재할 것으로 보였던 북한의 김정일 국방위원장이 지난 2011년 12월에 사망했다. 그 여파로 정치, 외교, 금융, 산업계의 북한 리스크가 한층 커졌고 한반도 정세는 크게 격동하고 있다. 김정일의 삼남인 김정은이 어린 나이에다 후계수업도 짧은 상황에서 할아버지 김일성, 아버지 김정일처럼 북한의 최고지도자로서 3세 체제를 구축할 수 있을지 의문의 영향이다.

당초 북한은 강성대국 원년인 2012년에 대비해 대대적인 행사를 준비해왔다. 2012년은 김일성 주석의 출생 100주년이자 김정일 국방위원장의 출생 70주년이며 김정은의 출생 30주년이 되는 해이다. 김일성은 1912년 4월 15일에 태어나 1994년 7월 8일에 죽었다. 김정일은 1942년 2월 16일에 태어나 2011년에 죽었지만 살아 있었으면 올해 일흔이 된다.

김정일, 김정은 부자 모두 실제 나이와 공표된 나이가 다르다. 김정일은 원래 1941년생이지만 1980년에 김일성의 후계자로 공식 등장한 이후 김일성의 출생연도인 1912년과 끝자리 수를 맞추기 위해 1942년생으로 바꿨다. 김정은의 출생연도도 정확히 확인되지 않았다. 1981년 1월 8일, 1982년 1월 8일, 1983년 1월 8일, 1984년 1월 8일 등 다양한 설이 있지만 1982년이 맞는 것으로 굳어지고 있다. 김정은은 올해 서른이 된다. 북한은 김일성 탄생 100주년, 김정일 70주년, 김정은 30주년을 맞아 강성대국 원년을 대대적으로 알리려 했다.

강성대국이라는 말은 사실 북한 주민이 300만 명이나 굶어죽은 1990년대 중반을 거치고 1998년부터 나온 선전용어다. 강성대국에는 '북한이 정치적·사상적 강국은 어느 정도 실현했다는 자신감을 토대로 군사강국을 이룬 뒤, 경제발전까지 도모해 명실상부한 사회주의 강국으로 거듭나자'는 의미가 담겨 있다. 사상대국, 군사대국, 경제대국의 실현이 강성대국인 것이다.

북한은 당시 14년 뒤인 2012년에 강성대국의 문을 열겠다고 했다. 북한은 이후에도 틈만 나면 강성대국을 강조한 결과 강성대국은 북한이 달성해야 할 국가적 목표이자 통치이념으로 떠올랐다. 하지만 김정일의 사망으로 모든 것이 달라졌다.

김정일 사후 북한은 모든 것이 명확하지 않아 보인다. 김정은은 2009년 1월 김정일 위원장의 후계자로 내정돼 노동당 중앙군사위원회 부위원장이라는 직함으로 후계자 업무를 시작했지만 아직 수습수준이다. 게다가 김정은의 권력을 지탱해줄 군부는 물론 그의 주위에도 아직은 김정일의 사람이 많다.

북한 군부가 극단적인 선택을 할 경우 군부 내에서 쿠데타가 일어날 가능성도 높다. 그러면 북한은 말 그대로 순식간에 와해되고 극단적으로 남과 북이 군사적 충돌을 벌일 수 있다.

김일성, 김정일의 2대 체제에서 북한 주민들의 불만을 잠재우는 일도 쉽지 않았다. 김일성 주석은 생전에 북한 주민들에게 쌀밥에 고깃국을 먹는 시대를 만들겠다고 다짐했으며, 김정일 위원장도 부친의 유훈을 실현하겠다고 강조했지만 끝내 이루지 못했다.

2012년을 '강성대국 원년'으로 선포한 북한으로서는 '먹고사는 문제'를 해결하여 흉흉해진 민심을 달래야 한다. 2009년 말에 단행된 화폐개혁이 실패로 돌아간 뒤 북한 주민들은 환율 급등과 물가 폭등 등의 후유증으로 배고픔에 시달리고 있다. 따라서 김정은이 체제를 유지하려고 정작 개혁·개방에 소극적인 태도를 보인다면 근본적인 경제문제 해결은 고사하고 튀니지에서 시작된 재스민 혁명 같은 주민봉기에 부딪힐 수 있다.

이제 북한에게 남은 건 핵(核)뿐이다. 북한은 핵을 체제유지의 마지막 보루로 삼고 6자 회담과 북미, 남북관계에서 협상카드로 쓸 것이다. 반대로 식량 등 경제적 지원이 절실한 데다 국제사회에 북한 최고지도자로서의 김정은을 알리고 인정받아야 하는 만큼 북미 대화와 6자 회담이 수월해질 수도 있다.

하지만 럭비공처럼 어디로 튈지 모르는 북한의 행동을 돌이켜 본다면 2012년에 무슨 일이 터질지 모른다. 만일 북한이 핵으로 위협을 가한다면 이에 따른 북한 리스크는 매우 가파르게 상승할 것으로 우려된다.

해외에서 우리나라 기업의 신인도(信認度)나 국내 외환·금융 시장이 저평가되었음을 나타내는 말로 '코리아 디스카운트(Korea Discount)'가 있다. 국내 기업의 후진적인 지배구조, 취약한 재무구조, 정부 규제, 노사관계 등의 이유로 우리나라가 국제시장에서 평가를 제대로 받지 못한다는 말이다. 무엇보다 코리아 디스카운트의 대표적 원인은 남북한 대치상황에 따른 '북한 리스크'다.

우리나라 국민들은 연평해전, 연평도 포격, 천안함 폭침, 북한의 서울 불바다 발언, 금강산 관광 중단선언 등이 제기되더라도 남북 관계가 최악의 상황에 놓이지는 않을 것으로 생각한다. 그동안 남북 간에 벌어진 사건과 사고를 수없이 봐왔고 그 충격이 가시면 다시 회복됐기 때문이다. 하지만 해외에서 보는 시각은 다른 것 같다. 그래서 코리아 디스카운트의 영향으로 우리 정부나 기업, 금융기관이 해외에서 자금을 조달할 때면 통상적인 금리수준보다 높은 금리가 붙고 세계적인 악재가 발생하면 외국인 투자자들은 다른 나라보다 우선적으로 우리나라에 투자한 자금을 회수하거나 부유한 주식을 파는 바람에 주식시장과 환율시장이 더 혼란해진다.

다행히 요즘은 해외에서도 우리나라를 보는 눈이 많이 달라졌다. 최근 국제신용평가사인 피치는 재정위기를 겪는 유럽 주요 국가들과 미국의 신용등급은 낮췄지만 우리나라는 긍정적으로 평가해 오히려 등급을 높였다. 재정위기의 여파가 전 세계에 확산되고 한반도의 지정학적 리스크가 여전했지만 한국만은 저평가가 아닌 고평가한 것이다. 그런데 이번 김정일 사망과 김정은의 등장으로 인한 북한 리스크의 재등장 때문에 코리아 디스카운트가 점점 부각되고 있다.

2011년 12월 갑작스런 김정일의 사망으로 국내 금융시장과 외환시장이 요동쳤지만 빠르게 회복한 것을 보면 북한 리스크에 대해서는 어느 정도 내성이 생긴 것 같다. 하지만 북한 리스크가 우리 경제에 미치는 영향이 줄었다고 해서 무조건 안심할 수 없다. 북한의 도발형태에 따라 미치는 영향이 다르겠지만 예전에 비해 단기간에 미칠 영향의 폭은 클 것이다. 연평도 포격, 천안함 폭침처럼 심각한 도발을 할 경우 한반도가 전 세계의 화약고가 될 수도 있다.

최악의 시나리오는 유럽 재정위기와 북한 리스크가 복합적으로 우리 경제에 충격을 주는 경우다. 만일 그런 사태가 일어나면 외국인 투자자들의 이탈로 유동성 위기가 고조되고 실물경기는 회복 불능의 상태로 빠질지도 모른다. 외국인 투자는 전면 중단되고 국내에 유입된 외국인 자금이 썰물처럼 빠져나가 외환시장이 무너질 뿐만 아니라 주식, 부동산 등 실물시장이 급격히 위축될 수도 있다.

정부는 김정일 사망과 그에 따른 북한 리스크의 파장을 최소화하는 노력을 하루라도 빨리 해야 한다. 또한 코리아 디스카운트를 잠재우려면 유사시에 금융시장과 외환시장이 흔들리지 않도록 현재의 시나리오별 대응상황을 좀 더 구체적으로 세분화하고 이에 맞는 대응매뉴얼을 만들 필요가 있다.

기업과 투자자들도 유럽 재정위기와 북한 리스크가 따로 혹은 동시다발로 발생할 가능성에 대비해 확고한 위기관리시스템과 당분간은 보수적인 자세로 투자에 접근해야겠다.

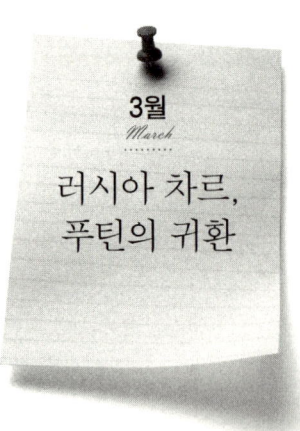

**3월**
*March*

러시아 차르,
푸틴의 귀환

러시아를 중심으로 옛 소련 재건에 나서고 있는 차르(러시아어로 황제)의 귀환이 2012년 3월로 확정됐다. 바로 러시아 대선이다.

블라디미르 푸틴 총리는 지난 2011년 9월에 집권당인 통합러시아당의 전당대회에서 대선 출마의지를 밝혔고 그해 11월 통합러시아당의 차기 대선후보로 공식 지명됐다.

당초 러시아에는 푸틴에 대적할 만한 경쟁자가 없어 그의 대선 승리는 기정사실이었다. 하지만 2011년 12월 총선에서 벌어진 조직적인 부정행위와 개표 조작을 항의하는 시위에서 반(反)푸틴 구호가 등장하면서 순탄할 것이라던 푸틴의 대선가도에 변수가 떠올랐다.

4년 임기의 대통령직을 지난 2000년부터 2008년까지 연임한 푸틴은 러시아 헌법의 3연임 금지조항에 밀려 총리로 물러났다가 이번에 다시 임기가 6년으로 늘어난 대통령직으로 복귀를 노리고 있다. 그가 올해에 대권을 잡고 연임한다면 2024년까지 무려 12년간 장기집권에 들어가게 된다.

푸틴의 이런 노림수에 코웃음을 칠 수도 있다. 아무리 자국 내에서 인기가 높아도 연임에 성공한 대통령이 총리로 재임하고 또다시 대통령에 올라 장기 집권한다 하고 게다가 푸틴이 대통령이 되면 드미트리 메드베데프 대통령이 총리를 맡는다는 이야기까지 나오니 말이다. 물론 푸틴은 총리 시절에도 대통령 위의 대통령으로 있었다. 우리 역사로 치면 상왕(上王)의 역할을 그동안 해왔으니 대선승리가 아니라 대통령 자리에 복귀한 것으로 볼 수 있다.

푸틴이 이처럼 러시아에서 압도적인 지지를 받는 이유는 세계무대에서 러시아의 역할과 위상을 끌어올리는 데 지대한 공헌을 했기 때문이다. 러시아는 가스매장량 세계 1위, 석유매장량 세계 7위의 자원대국이다. 소련 시절에는 세계 최대 산유국이었지만 소련이 붕괴된 뒤 석유생산량이 8위까지 떨어졌다.

그러나 푸틴이 집권하면서 석유생산량 1위, 천연가스 생산량 및 매장량 1위(2010년 기준)로 다시 올라섰다. 러시아의 에너지 수출은 2,573억 달러(275조 원)로 수출 총액의 3분의 2에 이른다. 또한 2004년에 전 세계 천연가스 생산량의 20퍼센트를 차지하고 있는 민영기업 가즈프롬을 국유화했다. 그가 '에너지 차르'로 불리는 이유다.

푸틴이 집권한 후 러시아의 경제성장률은 2009년을 제외하고 매년 4퍼센트 이상을 기록했다. 1998년 한때 국가부도 위기까지 내몰렸던 러시아 경제는 지난 10여 년간 고유가 덕분에 매년 6~7퍼센트의 고속성장을 거듭했다. 2010년 IMF의 자료에 따르면 러시아의 명목 국내총생산(이하 GDP)은 1조 4,650억 달러로 세계 11위다. 그 뒤를 스페인 1조 4,099억 달러, 호주 1조 2,355억 달러, 멕시코 1조 392억 달러, 한국 1조 70억 달러로 따르고 있다. 러시아의 1인당 명목 GDP는 1만 440달러로 세계 40위(세계은행 2010년 기준)다. 그뿐만 아니라 러시아는 2014년 소치 동계올림픽과 2018년 FIFA 월드컵까지 유치했다.

특히 푸틴은 지난 2011년 세계 재정위기에서 신(新)러시아 탄생 20년, 소련 해체 20년을 맞아 새로운 소련제국을 건설하겠다는 야심을 내보이기도 했다. 러시아가 경제 현대화를 달성하면 오는 2020년까지 세계 5위 경제대국 안에 들 수 있다고 자신하고 있다. 또한 그는 "향후 15년 내에 양질의 일자리 2,500만 개를 창출해 1인당 GDP를 현재의 1만 9,000달러(약 2,200만 원) 수준에서 3만 5,000달러(약 4,050만 원)까지 끌어올린다"고 말했다. 푸틴의 말을 빌리지 않더라도 러시아는 막대한 자원과 강력한 리더십이 합쳐진다면 세계무대에서 상당한 영향력을 행사할 것이다.

러시아는 한국이 도입하는 천연가스 파이프라인을 북한에 경유하는 방식과 관련해서 적극 나서고 있다. 천연가스관 사업은 향후 30년 간 러시아 극동 사할린 지역에서 생산되는 천연가스를 러시아의 블라디보스토크와 북한을 가스관으로 경유해 우리나라로 들여오는 계획이다.

2013년 9월부터 가스관 건설에 착수해 2016년 12월까지 공사를 마무리하고, 2017년부터 러시아 사할린 지역에서 생산되는 천연가스가 한국에 공급될 것으로 보인다. 남한과 북한 그리고 러시아를 연결하는 가스관이 설치되면 남북관계는 물론 동북아의 평화안보에도 기여할 수 있다.

극동 시베리아 지역 개발은 러시아에 매우 중요한 과제인데 전력 송전선 개선과 에너지·가스 협력, 수산·의료 사업, 철도·수력발전 사업이 유망하다. 모두 우리나라가 노하우와 강점을 충분히 갖고 있는 분야다. 한반도의 안정은 물론 유라시아와 태평양의 관문으로서 미래 성장동력을 확보하는 데 러시아와 푸틴이 어느 때보다 가까워지고 있다.

하지만 그 이면에 도사리는 그늘도 간과할 수 없다. 푸틴이 2024년까지 집권할 경우 스탈린 이후 러시아에서 가장 오래 권좌에 머무는 지도자가 된다.

일각에서는 푸틴의 통일러시아당을 옛 소련 공산당에 비유하고 푸틴의 강성외교노선이 제2의 냉전을 불러일으키지 않겠냐는 우려가 높다. 또한 러시아가 여전히 언론을 탄압하고 빈부격차가 심화되고 있다고 지적한다. 석유와 천연가스, 광물자원 등이 전체 수출의 약 70퍼센트를 차지하는 등 원자재 의존도가 지나치게 높아 국제시장의 가격변동성에 국가 경제가 흔들린다는 목소리도 있다. 러시아 내부에서는 푸틴의 인기와 지지도가 예전만 못해 '아랍의 봄'과 같은 '러시아의 봄'이 일어날 가능성도 있다고 보고 있다.

## 농협중앙회 50년 만에 2개로 분리되다

1961년에 종합농협으로 발족해 50년간 농민의 대변자 역할을 해온 농협중앙회(이하 농협)가 2012년 3월 둘로 분리돼 새로운 50년을 시작한다. 농협의 신용사업과 경제사업을 분리하는 농협법 개정안이 지난해 국회를 통과해 올해 3월, 농협중앙회라는 기존 명칭을 유지하면서 각각 경제지주회사와 금융지주회사가 설립된다.

경제지주회사는 농축산물 유통과 판매를 전담하고, 은행 및 보험사 등을 포함한 금융업무는 금융지주회사가 맡는다. 경제지주회사에는 농협유통과 남해화학, NH무역, 농협사료, 기타 자회사 등이 소속되고 금융지주회사에는 농협은행과 농협생명, 농협화재, NH투자증권, 기타 자회사 등이 품에 안긴다.

농협은 협동조합의 구심체로서 농업인과 농협 및 축협 지원을 위한 교육지원, 농업경제와 축산경제 및 상호금융 사업을 수행한다. 또한 지주회사와 자회사의 명칭사용료(영업수익 또는 매출액의 2.5퍼센트 범위 내) 수입으로 농업인, 농협, 축협 지도 및 지원도 강화한다. 그렇다면 농협을 군이 둘로 나눈 이유는 무엇일까?

농협이 우리나라 농업발전에 크게 기여해온 것은 사실이다. 하지만 기존의 조직과 구조로는 변화하는 환경에 대처하기 어렵다. 우선 칠레, 미국, 유럽연합 등과 자유무역협정(이하 FTA)을 체결했기 때문에 해외에서 값싼 농수축산물과 그 가공품들이 대거 유입됨에 따라 우리나라 농업에 피해가 예상된다. FTA와 그에 따른 막대한 수입에 대응하려면 우리의 농수산업이 경쟁력을 갖추고 내수산업뿐만 아니라 수출산업으로도 거듭나야 하지만 수출에서는 여전히 제자리걸음이고 고령화와 인력부족, 기술개발과 유통구조의 낙후성 등으로 점점 경쟁력을 잃어가고 있다.

또한 농협이 금융·유통 등 영리사업과 교육·비영리사업을 같이하는 혼합구조이다 보니 경영의 책임성 확보가 미흡했고 투명성도 떨어진다는 지적이 많았다. 그래서 생산성도 떨어지고 농민의 복지향상보다는 조직의 수익성에 치우치고 있다는 비판이 적지 않았다.

농협이 둘로 나뉘면 농협중앙회의 주인인 농업인에게도 적지 않은 영향을 미치게 된다. 정부와 농협은 농협의 조직과 사업구조를 개편하고 정부의 지원체제가 갖춰지면 농업인에게 직접 이익이 돌아갈 것으로 보고 있다. 즉, 농업인은 생산한 농산물을 제값에 팔 수 있고 소비자들은 안전한 농산물을 믿고 살 수 있는 체제가 되어 결국 농가 소득도 높아지게 된다는 것이다.

여기에는 커다란 난관이 하나 도사리고 있다. 농협의 경제사업은 돈을 쓰는 사업이고 신용사업은 돈을 버는 사업이다. 경제와 신용이 분리되면 당연히 돈을 버는 신용사업은 급성장하는 반면 돈을 쓰는 경제사업은 갈수록 위축될 수밖에 없다. 경제사업이 위축되면 농민들이 피해를 보게 된다. 그래서 농협은 사업이 분리된 초반에 자본을 경제사업에 좀 더 많이 몰아줘야 하고 정부의 재정지원도 많아야 한다는 입장이다.

하지만 농협 측과 정부 측의 입장차는 크다. 농협은 사업구조개편에 필요한 자본 27조 4,000억 원 중 현재 보유자본인 15조 2,000억 원과 자체 조달할 자본 6조 2,000억 원을 뺀 6조 원을 정부가 지원해야 한다는 입장이다. 반면 정부는 총 4조 원을 지원하되 1조 원은 현물출자(現物出資, 금전 이외의 현물인 동산, 부동산, 채권, 특허권, 영업권 등을 출자하는 일)하고 3조 원은 농협의 차입금에 대한 이자(2012년 예산 1,500억 원)를 대주는 방식으로 지원한다는 입장이다.

정치권에서는 지원규모를 2조 원 더 늘려야 한다는 입장이다. 아무래도 한국과 미국 FTA의 비준동의안이 처리된 데다 농협 분리에 대한 농업인들의 걱정을 의식하지 않을 수 없기 때문이다. 몇몇 국회의원은 아예 농협의 신용사업과 경제사업 분리를 2017년 1월로 미루자는 법개정안을 발의하기도 했다. 그러나 농협의 신경

분리는 농협이 비효율적인 거대조직이 되지 말라며 20년 이상 끌어온 사안이고 법안이 통과하는 데도 3년이나 걸렸다. 시행을 늦추기보다는 하루 빨리 매듭을 지어야 한다.

농협의 신용사업과 경제사업이 제대로 분리되면 농민들에게도 이익이 된다. 농협은 경제사업에 장기적으로 총 7조 8,000억 원의 자금을 투입하고 산지에서 출하되는 농축협 물량의 50퍼센트 이상을 책임지고 판매해주기로 했다. 그리고 경제사업을 활성화하기 위해 중앙회와 농협 경제지주회사의 우선적인 사업목표를 농축산물 및 그 가공품의 판매, 가공, 유통으로 규정해놓았다. 또한 지역 농협은 공동사업, 계약재배, 공동출하사업을 적극 추진해 판매를 활성화하고 중앙회에 판매를 위탁하게 했다. 농협과 경제지주회사가 전문 판매조직이나 판매시설을 확보하고 조합원의 소득안정을 위한 농축산물 수급조절에 필요한 조치를 회원과 공동 추진하도록 했다.

농협의 금융지주회사 출범은 금융권에도 지각변동으로 작용할 전망이다. 금융권의 경쟁구도가 하나금융지주의 외환은행 인수와 함께 국민은행, 우리은행, 하나은행, 신한은행, 농협은행 등 5대 금융지주로 재편된다.

농협의 금융지주회사에는 농협은행을 주축으로 NH생명·손해보험, NH투자증권, NH-CA자산운용 등이 자회사로 들어간다. NH카드도 별도로 설립해 자회사로 들어간다.

농협의 가장 큰 경쟁력은 대마불사(大馬不死, 바둑에서 대마, 즉 많은 점으로 넓게 자리를 잡은 말이 결국은 살길이 생겨 쉽게 죽지 않는 것)다. 외환위기를 지나면서 국민들은 시중의 은행, 보험사들이 망하는 경우를 종종 보았다. 반면 농협이 망할 것이라고 생각하는 국민은 별로 없다. 농협은 이 점을 적극 공략할 것이다.

농협의 또 다른 경쟁력은 전국 방방곡곡에 뿌리내린 점포망이다. 농협은행의 점포는 1,158개로 시중은행 1위인 국민은행의 점포(1,138개)보다 많다. 고객들과의 접점이 많아지고 고객정보를 활용해 영업을 다양하게 할 수 있는 기반이 된다는 것을 의미한다. NH생명·손해보험도 자산이 33조 원, 고객은 700만 명에 이른다. 신한생명을 제치고 삼성생명, 대한생명, 교보생명에 이어 보험업계 빅4에 들어갈 수 있다. NH카드는 회원 수 500만 명으로 카드시장 6위권이다.

기존 금융권에서는 농협이 시중은행에 비해 생산성과 수익성, 전문성이 떨어지고 농협의 울타리 안에 있었던 특혜, 특례규정이 사라지는 점을 극복해야 한다고 보고 있다.

**3월**
*March*
・・・・・・・・
# 최저임금협상이
# 춘투로
# 이어지는가?

　힘겹게 중소기업체를 운영하는 사업주들에게 매달 24일은 피가
말리고 목이 타는 날이다. 통상 월급날인 25일에 직원의 월급을 챙
겨야 하기 때문이다.

　경기가 좋다면 그리 걱정할 필요는 없겠지만 요즘처럼 경기가
좋지 않거나 회사 사정이 어려울수록 밤잠을 설치기 일쑤다.

　회사 사정이 어려우니 직원들에게 고통을 분담하자며 월급을
좀 깎자고 할 수도 없는 노릇이다. 근로자들이 동의한다고 해도
정부가 정해놓은 임금보다 못 주면 형사처벌을 받고 징역을 살거
나 벌금을 내야 한다. 외국인노동자도 더는 낮은 임금에 쓸 수가
없다. 외국인노동자에게도 정부가 정한 최저임금 이상을 지급해
야 한다. 숙식을 제공하는 비용까지 포함하면 외국인노동자나 국

내 근로자나 큰 차이가 없다.

2012년에도 경기가 나아질 기미는 없어 보인다. 주요 연구기관들은 2012년 경제성장률을 3퍼센트대로 예상한 반면, 물가상승률은 4퍼센트로 잡았다. 세계 경제위기가 계속되면서 수출 증가율은 꺾이고 소비와 투자도 위축될 조짐이다. 현금이 풍부한 대기업들도 몸을 사리기는 마찬가지다.

2012년 3월이 되면 근로자와 사업주들이 최저임금의 기준을 놓고 힘겨루기가 다시 시작된다. 2013년도의 최저임금을 결정하기 위한 본격적인 협상이 진행되는 것이다. 최저임금제도는 국가가 노사 간의 임금 결정과정에 개입해 임금의 최저수준을 정하고, 사측에 그 수준 이상의 임금을 지급하도록 법으로 강제하는 제도다. 저임금 근로자를 보호하려는 취지인데, 사업자가 근로의 대가를 최저임금 이하로 주다가 적발되면 3년 이하의 징역 또는 2,000만 원 이하의 벌금을 내야 한다. 죄질이 나쁘다고 판단되면 징역과 벌금을 같이 매긴다.

최저임금을 협상하는 테이블에는 노동계를 대표해 한국노동조합총연맹(한국노총)과 전국민주노동조합총연맹(민주노총)이 참여하고, 경영계를 대표해서는 사측 대표단체인 경영자총협회가 나선다. 노동계와 경영계는 매년 3월이 되면 그다음 해의 최저임금을 정하기 위해 입장을 표한다. 노동계는 항상 물가상승률 수준, 혹은 그 이상의 임금인상을 요구한다. 반면 경영계는 경제여건과 기업들의 사정을 전반적으로 고려해서 내놓는데 최저임금의 동결 혹은 인하를 주장할 때도 있다. 이처럼 노와 사, 여기에 공익위원들이 참여해 최저임금을 논의하는 기구가 최저임금위원회이다. 법적으로 6월 말까지 다음 해의 최저임금을 결정하고 고용노동부 장관이 이를 고시하면 정식으로 발효된다.

문제는 최저임금제도가 노사 모두에 불만이라는 것이다. 최저임금제도는 1986년 말에 제정해 1988년부터 시행됐지만 지금까지 노사가 원만히 합의해서 처리된 해는 손에 꼽을 정도다. 2011년에도 법적 시한을 넘겨 7월에야 2012년 최저임금이 최종 결정됐다. 2012년은 시급 4,580원으로 2011년에 비해 260원, 즉 6퍼센트가 올랐다. 주 40시간으로는 95만 7,220원이다. 노동계는 너무 적다며 불만이고 사업주들은 물가상승률(평균 4퍼센트 가정)보다 높다고 불만이다.

무엇보다 '최저임금'을 보는 시각이 노사 간에 매우 크다. 근로자들은 최저임금이 최소한의 임금일 뿐 생계를 보장하는 것은 아니니 그 이상을 줘야 한다고 주장한다. 그런데 이 최저임금이 임금상한선이 됐을 뿐만 아니라 이를 지키지 않는 사업장도 많다고 한다.

사업주들은 최저임금이 대기업이든 중소·영세 기업이든 모두에 일률적으로 적용되는 것은 부당하다는 입장이다. 또 최저임금이 매년 일정하게 오르다 보니 근로자들이 이 인상폭을 기준으로 임금인상을 요구하고 여기에 식비, 상여금 등 각종 수당이 붙어 기업을 경영하는 데 어려움이 크다고 주장한다.

20인 미만의 사업장에서는 주 40시간 근무제가 전면 도입돼 그 이상을 근무하면 연장근로수당을 줘야 한다. 퇴직급여제도도 모든 사업장에 적용되니 1년 이상 근무한 직원에게는 무조건 퇴직금을 줘야 한다. 노사가 합의해 퇴직금을 없애고 퇴직연금에 가입해도 사업주는 상품에 따라 전액을 부담하거나 근로자와 반씩 부담해야 한다.

2012년 3월부터는 노사가 최저임금의 결정을 놓고 대립과 갈등을 시작할 것이 뻔하다. 노동계는 물가상승률보다 높은 수준을 요구할 테고 경영계는 경제여건을 감안해 동결을 주장할 것이다.

그런데 2012년은 지금까지보다 그 과정이 복잡할 것으로 예상된다. 노동계가 3월부터 2013년도 임금협상과 단체협약, 여기에 4월 총선이라는 정치적 이슈를 공론화해서 춘투(春鬪, 춘계투쟁의 약칭으로 매년 봄 노사교섭을 통해 새해 임금수준을 결정하는 임금인상 투쟁)를 시작하면 노사갈등을 넘어 사회와 경제의 혼란을 가중시킬 수 있기 때문이다.

노사 모두가 최저임금을 인정하고 양보할 수 있는 합리적인 기준을 제대로 만들지 못하면 구태와 반목의 악순환을 끊을 수 없다. 일각에서는 대기업과 중견기업, 중소기업, 영세기업 등을 지역별, 규모별, 여건별로 최저임금을 차등하는 방안도 내놓고 있다. 그리고 중장기적으로 목표를 세워 현재 근로자 평균임금의 4분의 1 수준인 최저임금을 국제노동기구의 권고치인 50퍼센트 수준으로 올리는 방안을 마련할 필요가 있다고 주장한다.

# G20 서울정상회의의 계보를 잇는 핵안보정상회의

기자라는 직업이 주는 매력은 생생한 역사를 기록하는 자이자 관찰하는 자, 또 전달하는 자로서의 자부심이다. 필자가 그 자부심을 생생하게 느꼈던 때는 2010년에 치른 'G20 서울정상회의'였다. G20은 미국과 일본, 독일 등 '선진경제 7개국(G7)', 우리나라와 중국 등 '신흥경제 12개국', 여기에 유럽연합까지 모두 20개 나라를 말한다. 20개국의 GDP는 51조 달러로, 전 세계 GDP의 85퍼센트를 차지한다.

'G20 서울정상회의'로 한국을 찾은 각국 정상과 국제기구 대표는 30명이 넘었고 이들을 수행한 인원은 3,800명, 국내외 취재진 4,000여 명, 행사준비요원 5,000여 명, 경호와 경비로 투입된 인원은 5만 명에 이르렀다. 단일 행사로는 최대 규모였다.

각국 정상들이 모인 본회의는 2010년 11월 11일과 12일, 양일에 불과했다. 하지만 각국 언론은 수개월 전부터 G20에서 어떤 의제가 다뤄질지, 세부적인 논의는 어떻게 될지, 어떤 결과가 도출될 것인지를 두고 시시각각 분초를 다투며 기사들을 쏟아냈다. 당시는 '세계경제 위기 이후, 새 경제 질서의 판을 어떻게 짤 것인가'와 '선진국·개도국 간 불균형 해소' 및 '글로벌 금융안전망' 등이 초미의 관심사였다. 그리고 이명박 대통령이 G20 정상회의의 결과를 발표한 12일 오후 4시가 바로 필자에게는 숨이 멎은 듯한 순간이었다. 실수하지 말아야 한다는 긴장감과 함께 전 세계를 향해 기사를 쓴다는 벅찬 감정에 손이 떨리기도 했다.

2012년 3월에는 '2012·서울 핵안보정상회의'가 열린다. 핵안보정상회의는 미국 버락 오바마 대통령이 2009년 체코 프라하에서 행한 '핵무기 없는 세상' 연설(일명 프라하 연설)에서 시작됐다. 오바마 대통령은 이 연설에서 "국제안보의 최대 위협은 핵 테러리즘"이라고 하면서 "핵무기 없는 세상을 만들자"고 주창했다. 그는 "향후 4년 내에 전 세계 모든 취약한 핵물질을 안전하게 보호하기 위한 국제적 노력을 추진하겠다"라고 약속했다. 그 실천으로 핵안보정상회의를 주창해, 2010년 4월 미국 워싱턴에서 제1차 회의가 열린 후 지금까지 이어져 오고 있다.

핵안보는 2차 세계대전이 끝나고 1960년대부터 논의가 시작됐다. 원자력을 평화적으로 이용하고 핵물질의 국제적 이동을 규제하며 핵연료를 안정적으로 공급해야 한다는 필요성이 높았다.

1990년대 초에는 냉전이 끝나면서 구소련 영토 내에 존재하던 핵물질 및 핵시설의 관리문제가 대두되었다. 즉, 이 지역 내 핵물질·시설의 폐기 및 감축, 보호 등이 핵안보의 목표가 됐다.

2001년 9·11 테러 이후에는 테러리스트 조직에 의한 핵물질 및 핵시설 악용 가능성이 현실적인 위협으로 대두되기 시작했으며 핵테러에 대응하기 위한 조치로서 핵안보가 크게 강조되었다.

현재 세계에는 약 1,600톤의 고농축우라늄과 플루토늄 약 500톤이 산재해 있다. 이는 핵무기를 12만 6,500개나 만들 수 있는 양이다. 테러리스트의 손에 핵무기가 하나라도 들어가 도심 한복판에 폭발한다고 생각해보자. 헤아릴 수 없는 사람들이 목숨을 잃고 국가의 모든 것이 마비돼 재앙이 닥칠 것이다. 바로 정치, 사회, 환경의 후폭풍으로 이어지고 세계적으로도 큰 문제가 될 것이다.

국제원자력기구(International Atomic Energy Agency, 이하 IAEA)와 국제형사경찰기구인 인터폴에 따르면 매년 200~250건의 방사능물질 도난 및 분실 사건이 신고되고 있으며, 핵무기를 제조할 때 재료가 되는 고농축우라늄 관련 사례도 여러 건 있다고 한다. 2007년 남아프리카공화국에서는 고농축우라늄을 보관하는 원자력 시설에 무장괴한이 침입한 사건도 있었다. 정교한 핵무기를 만들기는 매우 어렵지만 핵물질을 사용해 초기 수준의 핵무기를 만드는 것은 기술적으로 어렵지 않다고 한다.

2012년 3월 서울에서 열리는 핵안보정상회의에는 공인 핵보유국인 미국·영국·중국·프랑스·러시아 등 5개국을 비롯해 47개국

정상들과 유엔, IAEA, 유럽연합 등 3개 국제·지역 기구 대표들이 참석한다. 핵확산금지조약에 가입하지 않았지만 인도·파키스탄·이스라엘 등 사실상 핵무기를 갖고 있는 것으로 여겨지는 나라들의 정상들도 참석할 수 있다.

이 회의에서는 핵안보의 기본의제인 핵테러 대응, 핵물질 및 핵시설 방호, 핵물질 불법거래방지 방안과 후쿠시마 원전 사태를 계기로 국제사회의 주요 이슈가 된 원자력 안전 문제, 방사능테러 방지조치 등이 토의된다. 특히 원자력 안전 문제는 핵안보정상회의의 초점인 핵안보 목표를 달성해 나가는 데 어떠한 영향을 미치고 어떠한 도움을 줄 수 있을지에 주안점을 두고 다뤄진다.

아울러 '2012년 서울 핵안보정상회의'에서는 2010년 워싱턴 정상회의 전례에 따라 부대행사로 국제전문가회의와 산업계회의를 개최해 핵안보를 위한 정부와 산업계 그리고 전문가 간 협력체제도 과시한다. 전문가회의는 원자력통제기술원과 외교안보연구원이 공동 주최해 정상회의 참여국, 국제기구, 핵안보단체 등의 전문가를 다수 초청하고 산업계회의는 한국수력원자력이 주최해 세계 원자력산업계 대표를 초청한다.

# 2012

## 2분기

# Business Plan

제19대 총선이 4월 11일에 치러진다. 이번 총선은 12월 대선을 앞둔 전초전 성격인 데다 최초로 재외국민이 선거권을 행사할 수 있는 선거여서 어느 때보다 총선을 바라보는 시선이 뜨겁다. 특히 지난해부터 안철수, 박원순으로 시작된 시민사회세력의 등장, 한나라당·민주당 등 기성정당의 분열과 갈등, 보수·진보 진영의 신당 출현 등의 판세 속에서 민심의 향배에 관심이 모인다.

따라서 제19대 총선은 4년 전 최악으로 치러졌던 제18대 총선과는 확연히 비교될 전망이다. 제18대 총선 투표일에는 궂은 날씨에 젊은 유권자층의 무관심과 정치 혐오증 및 정치인 불신이 팽배했다. 투표율은 역대 최저로, 이전에 치러진 총선 가운데 최저 투표율을 기록한 제16대 총선 투표율(57.2퍼센트)보다도 11.2퍼센트 포인트나 하락한 46퍼센트였다. 그 와중에도 제18대 총선에는 이변의 주인공들이 속속 탄생했다. 당시 총선 최대의 격전지로 떠올랐던 경남 사천시 선거구에서는 민주노동당 강기갑 의원이 한나라당 이방호 사무총장을 눌러 '사천도 놀라고 대한민국도 놀랐다'는 말이 나왔다. 또 전통적으로 한나라당의 텃밭으로 불리는 부산에서는 통합민주당 조경태 의원이 지역주의의 벽을 넘어 당선되었다. 창조한국당 문국현 후보는 친이세력의 좌장인 이재오 후보를 서울 은평 을에서 눌렀다. 이재오 후보는 이후 문국현 당선자가 공직자 선거법 위반으로 당선무효 판결을 받는 바람에 2010년 7월에 치러진 보궐선거에서 당선되었다.

2008년 총선 당시 한나라당 153석, 민주당 81석, 자유선진당 18석, 미래희망연대 14석, 민주노동당 5석, 창조한국당 3석 등을 얻었다. 초선의원은 모두 134명으로 전체 정원의 약 44.8퍼센트를 차지했다.

그러나 2040세대가 기성 정치세력에 거센 반감을 갖고 2011년 순천 및 분당 재보궐선거와 서울시장 재보궐선거를 계기로 투표에 적극 나서면서 선거의 판도가 크게 바뀌었다. 분당 재보궐선거에서는 보수 중산층이 밀집한 분당에서 한나라당 후보가 패배했고, 서울시장 재보궐선거에서는 2040세대가 박원순 후보에게 표를 몰아줬다. 이때 소셜네트워크서비스(이하 SNS)가 큰 위력을 보였다. 선거라는 공식에 상수(정당, 시민세력)와 변수(2040세대, SNS 등)가 복잡하게 작용한 것이다.

2040세대가 선거에 핵심변수로 부상한 이유는 역설적이게도 기성 정당이 이들과 소통하지 못해서다. 20대는 살인적으로 치솟은 등록금과 극심한 취업난에 신용불량자가 되었고 30대와 40대는 결혼, 육아, 집 장만, 자녀교육 등에서 갈 길을 찾지 못한 채 방황하고 있다. 그런데 정작 정치권은 해결책을 제시해주기는커녕 그들만의 세계에 빠져 싸움만 일삼고 있다. 결국 2040세대는 정치적 의사표시를 SNS와 '나도 꼼수다' 등으로 표출했다.

따라서 2012년 새해부터 정권을 잡기 위한 정당과 대선주자들은 달라진 민심을 하루 빨리 되돌리는 데 주력할 것이며 대선가도의 가장 큰 승부처인 4월 총선이 최대 격전지가 될 것이다.

'총선 승리는 곧 대선 승리이고 총선 패배는 곧 대선 패배이다'의 등식이 성립될 것이라는 전망이 지배적이다. 그래서 한나라당은 대권주자인 박근혜 전 대표가 2006년 대표직 퇴임 이후 5년 5개월 만에 당 쇄신과 총선을 책임질 비상대책위원장을 맡아 '비상체제'로 전환했다. 정몽준 전 대표와 김문수 경기도지사, 이재오 의원은 각자의 위치에서 일정 역할을 하며 존재감을 드러낼 것이다. 하지만 당 쇄신을 위해 당 중진과 원로, 친박과 친이계의 핵심들이 책임지고 용퇴해야 한다는 주장이 계속 나오고 있다 보니 총선 승리를 위한 공천과정에서 상당한 진통이 예상된다.

야권은 우여곡절 끝에 민주당과 시민통합당, 한국노총이 결합한 민주통합당을 출범시키면서 총선체제에 큰 발걸음을 내디뎠다. 민주통합당은 1월 15일 전당대회를 통해 새 지도부가 꾸려진 이후 총선에 본격 돌입하는데 이 과정에서 한명숙 전 총리와 박지원 의원, 손학규 전 대표, 정동영 전 최고위원, 문재인 노무현재단 이사장 등이 전면에 등장할 것이다.

승패는 '안철수 신드롬', '안풍(安風)'으로 대세론에 타격을 받은 박근혜 비상대책위원장의 총선 경쟁력과 통합야권의 정권 심판론, 안철수 서울대 융합과학기술대학원장의 변수를 포함한 대선에 대한 전망 등이 복합적으로 얽혀 결론날 것으로 예상된다.

총선의 핵심 이슈는 역시 경제와 복지, 여기에 김정일 사망과 김정은 체제에 따른 안보 등 3대 변수가 될 것이다.

통상적으로 안보 관련 이슈가 터지면 안정 심리를 바라는 요구가 커지면서 여권에 유리하게 작용하지만 박근혜 비상대책위원장에게는 징크스의 재연이 될 수도 있다. 2006년 북한 핵실험이 터지자 보수, 여성의 핸디캡으로 이명박 대통령과 경쟁구도에서 뒤처진 바 있다. 물론 안철수 원장에 대해서도 안보관, 대북정책 등 관련해서 국민과 정치권으로부터 새로운 검증을 받아야 한다.

경제와 복지도 중요하다. 침체의 늪에 빠진 경제가 조금이라도 살아나게 만들어야 하고 복지에 대한 국민의 갈증을 풀어줘야 한다. 경기침체가 계속되면 여당이 불리하고 야당에는 유리한 환경이 조성될 수 있다. 국민에게 경제와 복지정책을 얼마나 잘 설득시키느냐에 따라 표심도 달라질 것이다.

이런 변수를 제외하고도 국민의 기성정치권에 대한 불신이 한나라당과 민주통합당 현직의원들의 잇단 총선 불출마선언으로 이어지고 있어 전에 없는 무소속 돌풍이 불 수 있다.

총선에서 한나라당이 승리하면 박근혜 비상대책위원장은 '안풍'을 차단하고 자신의 대세론을 이어갈 수 있다. 하지만 반대의 경우라면 복잡해진다. 즉각 '박근혜 회의론'이 부상하면서 정몽준 전 한나라당 대표와 김문수 경기도지사 등이 대안으로 떠오르게 되고 여권 내부의 대권구도에 심각한 균열이 생길 수 있다.

야권도 조용하지 않다. 총선에서 부산 출마를 선언한 친노 핵심 인사인 문재인 이사장이 대선보다 총선에 집중하겠다고 밝혔지만 총선 결과와 관계없이 대권주자로 부상하고 있으며 손학규 전 대표, 민주통합당 합류를 선언한 김두관 경남도지사 등도 대권레이스에 참여할 가능성이 있다.

무엇보다도 총선이 끝나면 안철수 원장의 행보가 최대 관심사가 될 것이다. 그는 신당 창당설, 총선 출마설, 대선 출마설 등을 다 부정하고 있지만 여전히 박근혜 비상대책위원장과 함께 유력한 대선주자로 국민들이 인식하고 있다.

총선 전후로 우리나라는 엄청난 변화의 기로에 서게 될 것이 자명하다.

# 재외국민이 투표하는 시대의 기대와 우려

예년 같으면 총선이나 대선 기간 중에 대선 후보자들이 해외로 나가는 일이 거의 없었을 것이다. 한 표가 아쉬운 상황이니 전국 각지를 돌며 국민 한 사람이라도 더 만나 눈도장을 찍는 게 중요하기 때문이다. 그런데 2012년 총선과 대선을 앞두고서는 국회의원 입후보자나 당 대표 등 당직자들, 대선주자들이 외국으로 가는 모습을 뉴스에서 볼 수 있을 것이다.

지난 2009년 2월 국회를 통과한 개정 재외국민투표법에 따라 19세 이상 대한민국 국적을 가진 국민 또는 해외 영주권자는 대통령 선거와 국회의원 선거 비례대표, 지역구 선거(일시 체류자 및 국내 거소 신고자)에서 투표권을 행사할 수 있다.

2004년에 일본, 미국, 캐나다에 거주하는 재외국민들이 참정권과 관련한 헌법소원을 제기했는데 이에 헌법재판소가 헌법불합치 판결을 내린 것이 계기가 됐다. 따라서 재외국민들은 2012년 4월 제19대 국회의원 선거와 12월 제18대 대통령 선거 투표에 참여할 수 있게 됐다. 재외국민에게도 참정권이 허용되는 '재외국민 참정권 시대'가 개막되는 것이다.

외교통상부가 2011년 7월에 발간한 「2011년 재외동포현황」에 따르면, 2010년 말을 기준으로 재외국민 인구는 700만 명을 넘고 이 중 총선과 대선 때 선거권을 가진 예상 선거인 수는 약 280만 명으로 조사됐다. 예상 선거인 수는 국내 선거인 수 비율이 제17대 대통령 선거는 76.5퍼센트, 제18대 국회의원 선거는 76.7퍼센트를 감안한 것으로 재외국민 수의 80퍼센트로 산출한 것이다.

예상 선거인 수를 기준으로 국가별로는 미국이 86만 6,166명으로 가장 많고 일본 46만 2,508명, 중국 29만 5,221명, 캐나다 10만 3,061명, 유럽 8만 3,717명, 중남미 6만 3,170명, 중동 1만 2,930명, 독립국가연합 9,710명, 아프리카 8,706명 등이다.

이처럼 재외국민 선거가 당락의 영향을 줄 수 있는 거대한 '표밭'이 되고 있다. 재외국민의 선거인 등록은 2012년 2월 11일까지로 소정의 절차를 마친 재외국민에 한해 투표권이 주어진다.

재외국민 선거인 등록을 하려면 거주국 공관을 직접 방문해야 하며 여권 사본과 함께 비자, 영주권, 장기체류증 사본, 외국인등록부 중 하나를 지참해야 한다. 파견근무, 출장, 유학 등으로 인한 국외 부재자라면 여권 사본을 지참해 거주국 공관을 직접 방문하거나 우편 신고를 하면 된다. 재외국민과 국외 부재자를 대상으로 한 투표는 2012년 3월 28일부터 4월 2일까지 거주국 공관에 설치되는 투표소에서 진행된다. 여기서 칭하는 재외국민은 국내에 주민등록이 되어 있지 않고 국내 거소 신고도 하지 않은 19세 이상 해외 영주권자를 말한다. 이민 등 해외에 사는 재외동포들이라고 생각하면 된다. 하지만 시민권을 획득해 대한민국 국적을 완전히 상실한 동포들은 투표권이 없다.

재외국민의 투표권은 총선과 대선에는 적용되지만 국회의원 재보궐선거, 지방선거에는 해당되지 않는다.

기뻐하는 재외국민들에게는 미안하지만 준비가 아직 미흡하고 불법선거운동을 차단하기 어렵다는 것, 교포사회가 선거 때문에 분열될 가능성이 있다는 것 등의 이유로 우려의 목소리가 많다.

실제로 이번 재외국민 선거에는 우편투표, 전자투표 등이 허용되지 않아 공관이 설치돼 있지 않은 70여 개국 거주 재외국민은 사실상 투표권 행사가 불가능하다. 미국과 중국 등 영토가 넓은 곳에 거주하는 재외국민의 경우 투표소 방문 자체가 쉽지 않다. 해외라 단속의 손길이 멀어지면서 금품 살포 등 불법선거 가능성도 높다. 재외국민에게 투표권을 주었지만 불법선거를 감시하려면 다른 주권국에서 사법권을 행사해야 하는데 이것이 과연 가능하겠느냐는 의문도 나온다.

쉽게 예상할 수 있는 선거법 위반 행위로는 선거운동 기간 외 선전물 배부 및 첩부(貼附), 기부행위, 선거에 영향을 미치는 집회 및 강연회, 사용자 제작 콘텐츠(UCC)와 트위터를 이용한 지지 및 반대 의사 표명, 허위사실 유포 등이 꼽히고 있다. 한때는 5만여 명에 이르는 재일본조선인총연합회(조총련) 소속 교포들이 투표에 참여하기 위해 집단으로 대한민국 국적을 취득하고 있다는 소식이 알려져 혹시 북한의 지령에 따라 선거에 개입하는 것 아니냐는 우려까지 나왔다.

39만 표, 57만 표의 차이로 당락이 엇갈린 1997년과 2002년 대선에 비추어볼 때, 재외국민 선거의 공정성이 담보되지 않을 경우 심각한 파장을 초래할 것이라는 우려가 적지 않다.

또한 일부 지역의 편중화, 쏠림 현상이 심해 당락을 가르는 변수가 될 수 있다. 미국이 전체 예상 선거인의 3분의 1이 넘는 87만 명에 이르고, 일본이 46만 명, 중국이 30만 명이다. 일본과 중국을 제외한 아시아지역이 34만 명이다. 미국, 중국, 일본, 아시아 지역의 표가 전체 재외국민 투표를 좌지우지하는 셈이다.

해외동포 사회가 참정권에 관심이 높은 이유 중 하나는 미국과 일본 등 상대적으로 규모가 큰 지역의 경우 국내 정치권의 '배려'가 있을 것이라는 기대치 때문이다. 벌써부터 일부 지역에서는 재외국민에게 비례대표 1석이 지정될 수 있다는 얘기가 나오는 것도 이와 무관치 않다.

재정위기와 재정파탄이라는 쌍끌이 태풍이 마치 흑사병처럼 유럽 전역을 전염시키고 있다. 그리스, 이탈리아, 스페인, 포르투갈 등은 이 태풍에 힘없이 쓰러졌다. 그나마 유럽의 자존심과 유로존을 지탱해주고 있는 나라가 바로 프랑스와 독일이다.

프랑스와 독일은 빚더미에 올라앉은 유로존 국가들의 재정위기를 돕기 위해 유로존과 유럽연합, IMF 등의 재정지원을 이끌어내면서 유럽 구하기에 나섰다. 이들 두 나라가 주목받는 데는 영국의 소극적인 행보도 한몫했다.

유로존에는 17개, 유럽연합에는 27개 국가가 가입했다. 영국은 유럽연합에는 가입했지만 유로존에는 가입하지 않아 자국통화 파운드를 사용해왔다. 그러면서 프랑스, 독일이 주도한 유럽연합의 금융거래세 도입 등과 같은 정책에 자국의 금융산업이 피해를 본다면서 딴죽을 걸었다.

프랑스와 독일은 지난 2011년 12월에 열린 유럽연합 정상회의에서 재정 건전성을 강화하는 '신(新) 재정협약'에 합의하는 데 주도적인 역할을 했다. 영국은 이번에도 협약 체결을 반대했지만 유로존 17개국 외에 비(非) 유로존 6개국이 새로운 재정체제에 참여하기로 해 재정통합으로 가는 기반이 마련됐다. 2012년 3월에 확정될 신(新) 재정체제의 참가국들은 재정적자의 비중을 GDP 3퍼센트, 국가누적채무는 60퍼센트 이내로 유지하는 이른바 '황금률'을 자국의 헌법이나 법규에 반영해 지켜야 하며 위반할 경우 유럽연합이 자동적으로 제재하게 된다.

유럽연합의 정상들은 금융시장의 불안을 해소하기 위해 IMF에 추가 출연을 하고 2012년 7월부터 기존 유럽재정안정기금을 대체하는 유로안정화기구를 출범하기로 하는 등 단기적 대책들에도 합의했다. 그에 따라 사르코지 프랑스 대통령과 메르켈 독일 총리가 유럽의 양대 리더로 부상했다.

유럽의 구세주로 부상한 이 두 사람이 프랑스, 독일을 계속 이끌지 여부도 관심사다. 사르코지는 2012년 4월에 예정된 프랑스 대선에 출마해 재선을 노리고 있고 메르켈은 2013년 총선의 결과에 따라 3선 총리로서 운명이 판가름난다. 사르코지와 메르켈은 정치적으로 걸어온 길은 다르지만 정치에 입문한 이후 승승장구해왔다는 공통점이 있다.

우선 사르코지는 헝가리 이민자 가정에서 태어나 19세에 공화국 민주연합 당원으로 들어가면서 정치에 입문했다. 뛰어난 정치적 감각과 판단력으로 일찌감치 주목받았으나 정권교체 과정에서 잠시 시련을 겪기도 했다. 2005년에는 내무부장관에 올라 특유의 돌파력과 추진력을 보였다. 2007년 3월에 내무부장관 자리에서 물러나 대선에 뛰어들었고, 2007년 4월 프랑스 대선 1차 선거에서 우파 역사상 두 번째로 높은 득표기록인 31.18퍼센트를 얻고 2차 선거에서 53.06퍼센트를 얻어 프랑스 5공화국의 여섯 번째, 프랑스 23대 대통령이 되었다.

사르코지는 당초 재선이 유력했으나 최근 프랑스 내에서 정권교체 여론이 커지면서 재선가도에 구름이 낀 상태다. 현재 유력 대선후보인 사회당의 프랑수와 올랑드 후보가 사르코지보다 지지율이 높은 상태다. 17년에 걸친 우파의 장기 집권에 국민들이 염증을 느끼고 있는 데다 2011년에 치러진 지방선거와 상원선거에서 야당인 사회당이 승리를 거둔 영향이 크다. 영국의 경제전문지 「이코노미스트」는 2011년 12월에 2012년 경제를 전망하는 보도를 내면서 사르코지의 재선이 어려울 것이라고 예측했다.

메르켈은 1954년 옛 서독지역인 함부르크에서 태어났지만 목사인 아버지가 동독으로 이주하면서 동독시민이 됐다. 라이프치히 대학에서 물리학을 전공하고 1978년부터 동베를린 물리화학 연구소의 연구원으로 과학자의 삶을 살았다가 1989년 베를린 장벽이 무너진 뒤에 정치에 뛰어들었다. 빠른 판단과 열정으로 헬무트 콜

총리의 눈에 들면서 1991년 여성청소년부 장관, 1994년 환경부 장관을 거쳐 2000년 최초로 기독민주당의 여성 당수에 취임했다. 그러다 2005년에는 독일 역사상 처음으로 여성 총리직에 올랐다.

2009년 총선에서 재선에 성공하면서 '통일 이후 최초의 동독 출신 총리', '최연소 총리' 등의 기록을 갖고 있다. '철의 여인' 마가렛 대처 전 영국 총리와 비교되면서 '대륙의 철의 여인'으로 불린다. 미국 경영경제 전문지 「포브스」에서는 2006~2009년까지 4년 연속 세계에서 가장 영향력 있는 여성 1위에 올랐으며 2010년에는 버락 오바마 미국 대통령의 부인 미셸 오바마에게 1위를 내주고 4위로 올랐다가 2011년에 다시 1위를 탈환했다.

세계 최고의 우먼파워를 자랑하는 메르켈이지만 자국에서 지지도는 많이 떨어졌다. 메르켈의 기독민주당은 2011년에 열린 일곱 번의 지방의회선거에서 야당인 사회민주당에 모두 패했다. 2013년 총선에서도 기독민주당이 패배한다면 내각제의 독일에서는 총리가 바뀌고 메르켈의 3선도 무산된다. 그러나 메르켈은 지방선거와 총선은 다르다는 점을 내세우며 총리 3회 연임에 도전하겠다는 의지를 꺾지 않았다.

유럽의 재정위기가 2012년에도 계속될 것으로 예측되고 그 여파로 우리나라를 비롯한 전 세계의 금융시장과 외환시장은 물론 무역, 투자에도 영향을 미친다는 점을 감안하면, 유럽연합과 유로존을 떠받치는 두 지도자의 연임 여부에 전 세계의 이목이 집중될 수밖에 없다.

프로야구
전성시대,
사람과 돈이
몰려온다

2011년 10월 마지막 날인 31일 오후 8시 38분. 한국시리즈 5차전에서 삼성 라이온즈(이하 삼성)가 1대 0으로 우승하던 그 순간, 적지 않은 프로야구 마니아들은 한숨부터 내쉬었다.

"아, 6개월을 또 어떻게 기다리지….”

2012년 프로야구는 4월 7일에 개막해 팀당 133경기, 팀 간 19차전씩 총 532경기를 치른다. 각 팀의 홈경기와 원정경기 수는 2011년에 홈에서 66경기를 치른 LG 트윈스(이하 LG) · 기아 타이거즈(이하 기아) · 한화 이글스(이하 한화) · 넥센 히어로즈(이하 넥센)가 홈에서 67경기, 원정에서 66경기를 치른다. 또 2011년에 홈에서 67경기를 치른 삼성 · 롯데 자이언츠(이하 롯데) · SK 와이번스(이하 SK) · 두산 베어스(이하 두산)은 홈에서 66경기, 원정에서 67경기를 치른다. 개막 2연전을 제외하고 주중 3연전, 주말 3연전을 바탕으로 우선 500경기를 편성했다. 월요일만 뺀 화·수·목요일, 금·토·일요일에 야구장에서, 집에서 TV로, 야외에서 지상파 DMB로, 인터넷으로 야구를 즐길 수 있다. 나머지 32경기는 우천으로 순연되는 경기와 함께 9월 2일 이후로 추가 편성된다.

2011년 프로야구는 삼성의 정규 리그와 한국 시리즈 2관왕을 피날레로 숱한 화제와 인기를 뒤로한 채 끝났다. 2011년은 프로야구 30주년에, 역대 최초로 관중이 680만 명을 넘어선 해였다. 그 인기가 2012년에는 메가톤급으로 성장할 전망이다.

우선 흥행몰이의 조건인 스타가 즐비하다. 롯데의 간판이자 최고 타자 이대호가 일본으로 떠났지만 코리안 특급 박찬호와 일본에서 돌아온 김태균을 한화에서, 국민타자 이승엽을 삼성에서 볼 수 있게 됐다. 또한 자유계약선수로 팀을 옮긴 선수들의 몸값에 걸맞은 활약도 기대된다.

초보 감독들의 열전도 관전 포인트다. 2011년에는 감독이 된 첫해에 삼성을 우승으로 이끈 류중일 감독이 있었다면 2012년에는 기아 사령탑을 받은 선동열 감독, 두산의 김진욱 감독, LG의 김기태 감독의 활약이 기대된다.

여기에 게임업체 엔씨소프트가 창원을 연고로 한 엔씨소프트 다이노스(이하 NC 다이노스)와 한국 최초의 독립야구단 고양 원더스가 2군 리그에 참여한다. NC 다이노스와 고양 원더스는 선수들보다 감독의 인기가 더 높다. NC 다이노스는 두산의 사령탑을 맡

앴던 김경문 감독이, 고양 원더스는 SK에서 야신(野身)으로 불린 김성근 감독이 맡았다.

이제 프로야구는 단순히 스포츠에 머물지 않고 경제적 파급효과가 큰 대형 경제 이벤트가 되었다.

야구단은 중계권료와 입장료, 광고, 부대수입 등으로 수입을 올린다. 가장 큰 수입원은 입장료 수입이다. 프로야구는 2008년부터 2010년까지 3년 연속 500만 명 이상의 관중을 동원했다. 당초 2011년 관중목표는 663만 명. 그러나 2011시즌 총관중 수는 680만 9,965명(경기당 평균 1만 2,801명)으로 역대 최다기록을 세웠다. 포스트시즌은 총 14경기에 총 31만 7,413명이 입장해 관중 수입 78억 원 이상을 올렸다. 정규리그와 합쳐 입장 관중을 따지면 712만 7,378명으로, 프로야구 최초로 시즌 총관중 700만 명 시대를 열었다.

정규시즌 관중 수입도 역대 최다인 551억 6,202만 원, 포스트시즌을 합치면 프로야구가 2011년에 벌어들인 입장수입은 630억 원에 이른다. 8개 구단이면 평균 60억 원이지만 관중동원력이 높은 롯데, 두산, LG 등이 100억 원 이상의 입장수익을 갖게 된다. 구단 운영비가 300억 원이라면 운영비의 3분의 1을 입장료 수입으로 충당한다는 것이다.

최근 국민체육진흥공단이 발표한「한국 프로야구산업의 경제적 파급효과」연구보고서에 따르면 2009년 기준 8개 프로야구 구단의 경제적 파급효과(생산 파급효과와 부가가치 파급효과)는 1조 1,837억 원으로 추산됐다. 관람객들이 소비한 지출규모는 4,500억 원, 이로 인한 생산 파급효과는 8,017억 원, 부가가치 파급효과는 3,820억 원에 이르는 것으로 조사됐다. 고용 파급효과도 10억 원당 1만 2,000명이 넘어 프로야구 관련 산업의 고용 파급효과도 높은 것으로 분석됐다.

관람객들은 입장료를 제외하고 1인당 평균 3만 6,500원 정도를 지출한 것으로 조사됐다. 이는 식·음료비와 교통비, 물품구입비 등 8개 항목을 기준으로 산출한 결과다. 각 구단이 지역에 미치는 경제적 파급효과는 롯데가 가장 높은 2,313억 원으로 나타났으며 이로 인해 부산지역에 약 21만 명의 고용 파급효과를 불러온 것으로 나타났다.

규모가 1조 원으로 성장한 프로야구에 10구단, 11구단, 12구단이 생기면 프로야구는 양대 리그로 운영되거나 단일 리그로 운영되게 된다. 10구단이나 12구단 체제로 진행된다면 짝수가 되어 리그 운영에 맞춰 돌아가면서 프로야구는 더 큰 시장으로 성장할 수 있다.

하지만 아직 갈 길은 멀다. 미국은 30개 구단의 경기를 보기 위해 해마다 인구 3억 명(한국 대비 약 6배) 가운데 8,000만 명가량(한국 대비 약 13배)이 경기장을 찾는다. 일본은 인구 1억 3,000만 명(한국 대비 약 2.5배) 가운데 해마다 약 2,000만 명(한국 대비 약 3.3배)이 12개 구단의 경기를 보려고 야구장을 찾는다. 미국과 일본을 보더라도 앞으로 프로야구 관련 시장은 더 커질 것이 분명하다.

사업 아이템을 찾고 있는가. 그렇다면 앞으로 더 커질 것이 분

명한 프로야구 시장은 어떤가? 이 프로야구 시장에서 사업 아이템

을 고민할 필요가 있다.

관중 600만 시대를 열었다는 프로야구장, 아이들이 공부하는 초등학교 건물과 뛰어노는 운동장, 하루에도 몇 번씩 수십만 명이 이용하는 지하철 역사, 환자를 치료하는 병원 등은 2011년에 각종 기관의 조사로 발표된 1급 발암물질, 즉 석면이 검출됐다는 곳들이다. 우리 삶의 일부분이랄 수 있는 웬만한 곳들에 우리의 생명을 위협하는 석면이 공존하고 있었다.

석면은 내구성, 내열성, 내약품성, 전기 절연성 등이 뛰어나고 값이 싸서 건설자재, 전기제품, 가정용품 등 여러 용도로 널리 사용됐다. 그러나 석면은 WHO 산하 국제암연구소가 지정한 1급 발암물질로, 호흡으로 마신 석면가루는 20년에서 40년의 잠복기를 거쳐 폐암이나 석면폐, 악성 중피종을 일으킬 수 있다.

국내에서도 화장품과 베이비파우더 등에서 석면활석이 검출돼 논란이 되었고 그 위험성 때문에 2009년 1월부터 석면이 0.1퍼센트 이상 함유된 건축자재 등의 제품은 제조, 수입, 사용이 금지돼 왔다.

환경부에 따르면 우리나라의 석면산업 성장기는 1970년대, 최고기는 1990년대였다. 실제로 2009년부터 석면 사용이 금지됐지만 대표적인 석면 질환이자 늑막암의 일종인 악성중피종 발생은 2010년부터 상승기에 접어들었고 잠복기를 감안하면 2045년 이후 최고에 이를 것으로 전망되고 있다.

악성중피종은 폐를 둘러싸는 늑막, 간이나 위 등의 장기를 감싸는 복막, 심장 및 대혈관의 가시부를 덮는 심막 등에 발생하는 악성 종양이다. 악성중피종 환자 대다수가 과거 석면에 노출된 적이 있으며 석면 노출력이 없는 경우에는 매우 드물게 발생한다.

이처럼 위험한 석면에서 벗어나려면 말 그대로 석면에 절대로 노출되지 말아야 한다. 그런데 문제는 석면이 어느 곳에 어떤 형태로 들어 있는지 도통 알 수 없다는 것이다.

2012년 4월부터는 석면 관련 규정을 강화한 석면안전관리법이 시행된다. 그동안 관리기준이 없었던 석면함유 가능물질의 석면함유기준이 1퍼센트로 설정됐고 학교와 공공건축물, 다중이용시설 등이 건축물 석면관리 의무화 대상으로 지정됐다.

석면함유 가능물질을 수입하거나 생산할 때는 '석면함유기준 1퍼센트 미만'을, 석면을 가공하거나 변형할 때는 '석면 배출허용

기준 0.01개/cc'를 준수해야 한다. 석면함유 가능물질을 수입하는 업자가 수입일(통관일) 전까지 분석결과서가 포함된 신청서를 제출하면 15일 이내에 승인 통보를 받을 수 있다. 광물 생산업자는 채굴계획을 인가받기 전에, 석재 생산업자는 채석허가를 받기 전에 승인을 받아야 한다. 석면함유 가능물질은 해포석, 사문석, 백운석, 질석, 석고, 불석, 감람석, 납석, 녹니석, 수활석, 각섬석, 규회석 등 12개 광종이다.

지역개발사업 과정에서도 석면과 관련된 업무에 신경을 써야 한다. 영향조사, 주민의견 수렴, 국토해양부와의 협의 등을 통해 지질작용 등으로 토지에 붙어 있는 자연발생 석면을 관리하는 지역이 지정된다. 또한 자연발생 석면 관리지역 내 개발사업 중 지형변화를 수반하거나 사업면적 1만 제곱미터 이상인 노천탐사와 채굴, 주택 건설, 대지 조성, 토석채취사업 등은 관리대상 개발사업으로 지정된다. 따라서 해당 개발사업은 석면비산방지 계획서를 제출해 승인받아야 하고 비산방지시설을 설치해야 한다.

2008년 말 이전에 건축허가를 받았거나 신고를 한 건축물 가운데 불특정 다수나 어린이, 산모, 노약자 등 환경에 민감한 사람이 이용하는 시설은 석면조사를 받도록 했다.

그동안 건축물 석면조사는 산업안전보건법에 따라 건축물을 해체하거나 제거할 때만 시행됐다. 앞으로는 사용 중인 건축물도 석면 관리를 한다. 건축 연면적이 500제곱미터 이상인 국가·자치단체 소유 건축물, 공공기관, 특수법인, 지방공사, 공단 등 공공건축물과 학교건축물은 석면조사를 받아야 한다.

다중이용시설은 지하역사 등 17개 시설군이 조사대상에 들어갔고, 500제곱미터 이상인 문화 및 집회시설, 의료시설, 노유자 시설도 석면조사를 받아야 한다. 노유자 시설은 교육과 복지 시설군에 속하는 시설로 아동 관련 시설, 노인복지시설, 그 밖에 다른 용도로 분류되지 않은 사회복지시설 및 근로복지시설을 말한다.

정부의 추정에 따르면 석면조사 대상 건축물은 공공건축물 2,305개, 학교건축물 2만 265개, 다중이용시설 1만 5,405개, 기타 7,247개 등 총 4만 5,222개에 이른다. 신규 건축물은 사용 승인일로부터 1년 이내에, 기존 건축물은 2년(공공기관 및 1999년 말 이전 건축물)과 3년(기타)마다 한 번씩 조사가 실시된다. 조사결과 석면이 일정량 이상 사용된 건축물은 6개월마다 석면건축자재를 평가받게 된다.

국민들의 석면공포증을 해소하고 국민의 건강과 안녕을 위해서는 정부, 지방자치단체, 기업, 기관, 개인이 단순히 법을 지킨다는 것보다 소중한 나와 가족을 석면으로부터 지킨다는 마음가짐을 가져야 한다.

실제로 석면안전관리법이 시행되면 향후 50년간 악성중피종과 폐암 등 석면질환 사망자가 2만 명가량 감소할 것으로 추정된다. 법 시행에 따른 총비용은 최대 5,149억 원이지만 사망자 감소 및 의료비 절감 등으로 인한 총편익은 최대 10조 7,530억 원에 달해 총편익에서 총비용을 뺀 순편익도 10조 원이 넘는다는 분석이 있다. 물론 이런 편익은 규제 시행 이후 30년이 지나야 발생하기 때문에 초기에는 규제비용이 더 많겠지만 장기적으로는 사회적 총편익이 더 크다.

변호사
취업대란설과
준법지원인제도

변호사는 대표적인 고소득 전문직이다. 우리나라에서는 사법고시에 합격하고 사법연수원을 수료해야만 변호사로 개업할 수 있는 자격이 주어진다. 그리고 사법연수원의 성적과 개인별 희망에 따라 판사, 검사가 되고 변호사로 개업하거나 로펌, 기업의 법무팀으로 간다. 어떤 길을 가든 사시합격자로서 권력과 명예, 소득이 보장된다.

대한변호사협회가 발간한 「한국 변호사백서 2010」을 보면, 1906년 3명에 불과했던 변호사가 1912년 처음으로 100명을 돌파했다. 2008년에는 1만 명을 넘었다가 2010년 현재 개업을 기준으로 9,612명이다. 2010년 한 해에 법원에서 처리된 민사사건 28만 8,167건 중 46.1퍼센트, 형사사건 11만 557건 중 48.9퍼센트에 변호사가 선임됐다. 전체 변호사의 1인당 수임사건 수는 연간 65.7건이었다.

우리나라 변호사 1인당 인구수는 약 5,178명으로 일본 4,413명, 프랑스 1,273명, 독일 537명, 영국 420명, 미국 260명 등 선진국에 크게 미치지 못하고 있다. 더구나 서울에 등록된 변호사 수는 6,830명으로 전체의 60퍼센트가 넘는데 서울중앙지법, 서울중앙지검 등 법원과 검찰청이 밀집한 서초구에 전체 변호사의 31퍼센트가 몰렸다. 서울, 부산, 대구, 인천 등 6대 광역시를 제외한 곳에서는 변호사를 보기가 하늘의 별따기다. 변호사를 만나려면 서초동으로 가는 게 가장 빠르다.

변호사가 지금보다 더 늘어나면 국민이 좀 더 저렴하게 법률서비스를 받을 수 있을 것이다. 기업들도 급변하는 국내외 경영환경에서 각종 소송과 인수합병, 계약 등의 과정에 법률적 조언을 받는 게 용이할 수 있다.

2012년은 변호사가 본격적으로 양산되는 해이다. 2월 사법연수원을 수료하는 1,000명과 3월에 처음으로 치러지는 변호사 시험에서 변호사 자격을 갖게 되는 1,500명 등 2,500명 이상이 쏟아져 나온다.

2009년 전국 25개 대학에서 개교한 3년 과정 법학전문대학원(이하 로스쿨)의 졸업생 2,000명이 변호사 시험을 치른다. 정부는 합격률을 75퍼센트로 정했기 때문에 2,000명 중 최대 1,500명이 변호사 자격을 얻을 수 있다.

변호사가 2,500명씩이나 배출되지만 정작 이들을 받아줄 자리는 많지 않다. 로스쿨을 졸업하고 변호사 자격을 얻어도 바로 법관이 되지 못한다. 판사, 검사는 각각 100여 명에 불과하다. 로펌들은 이미 법률시장 개방에 대비해 고급인력들을 대거 스카우트해 몸집을 상당히 불려놓은 상태라 신규 채용이 많지 않을 가능성이 높다. 중앙부처나 공공기관, 지방자치단체들도 많아야 기관마다 한두 명 정도만을 뽑을 예정이다.

그래서 변호사 업계가 가장 관심을 두고 있는 곳은 기업이다. 바로 국회를 통과된 상법개정안에 따라 시행을 앞두고 있는 '준법지원인제도' 때문이다.

준법지원인은 상장사의 경영진이나 임직원이 정해진 법과 규정을 준수하고 회사경영을 적절하게 수행하는지 감시해 이사회에 보고하는 업무를 맡는다.

법무부가 입법예고한 상법시행령 전면개정안에 따라 내년 4월부터는 자산 3천억 원 이상 상장회사는 준법지원인을 둬야 한다. 자산규모 3천억 원 이상 상장회사는 총 391곳(유가증권시장 334곳, 코스닥 57곳)으로 2011년 말 기준 1,742개 상장회사 중 준법감시인 의무설비법인(금융업종) 74곳을 제외한 1,668곳의 23.4퍼센트에 해당된다. 자산규모 3천억~5천억 원인 회사의 평균 매출액은 3천641억 원이다. 그렇다고 391곳 모두가 변호사를 1인 이상 준법지원인으로 채용해야 하는 것은 아니다.

준법지원인으로는 변호사와 법학교수 외에 법무팀 등 법률부서 및 준법감시인 경력자와 감사 등을 임명할 수 있다. 다만 사내 법률부서 경력자를 준법지원인으로 임명할 경우 지정요건은 법학사 이상의 학력을 갖추고 사내 법률부서에서 10년 이상 근무한 자 또는 법학 석사 이상 학력을 갖추고 사내 법률부서에서 5년 이상 근무한 자로 정했다.

정부의 입법예고에 대해 기업들은 크게 반발하고 있다. 처음부터 준법지원인 도입 대상 회사의 범위를 두고 변호사 단체는 자산규모 1천억 원 이상 또는 상장회사 전체를 주장했으나 기업 쪽에서는 자산규모 2조 원 또는 5조 원 이상 기업을 대상으로 해야 한다고 맞서왔다. 자산규모 1천억 원 이상 상장사는 868곳에 이르는 반면 2조 원 이상은 90곳에 불과하다.

변호사 쪽에서는 적용대상 범위가 넓으면 넓을수록 좋다. 반면 기업들은 고급 전문인력인 변호사를 채용할 경우 비용부담이 커지니 범위가 좁혀지는 게 낫다.

변호사 업계는 현재 준법지원인 1인당 평균 적정연봉을 8,000만 원 정도로 생각하고 있다. 대기업 입장에서는 큰 비용이 아니지만 중소 기업에서는 임원연봉과 맞먹는다. 임원 한 명이 더 늘어나는 셈이다.

기업들의 또 다른 불만은 이미 상근감사, 사외이사, 감사위원회, 내부 회계관리제도 등을 갖추고 있는데 여기에 준법지원인제도를 추가로 둘 필요가 있느냐는 것이다.

이에 변호사 업계는 각종 내부통제를 두었다고 해도 횡령, 배임, 주가조작, 분식회계 등 기업들의 법률위반 사례가 줄어들지 않고 있는 현실을 보면 내부통제기능이 제대로 작동하지 않고 있다고 반박한다.

입법예고 후 일정 기간 동안 이해관계자의 의견을 들은 뒤 최종안을 확정하게 된다. 법적으로 2012년 4월부터 시작되지만 기업들의 반대의견이 얼마나 반영될지 주목된다.

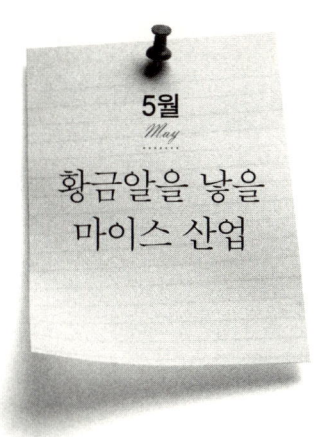

2011년 9월, 국내 관광산업에 일대 전기가 될 만한 사건이 터졌다. 중국의 건강용품 회사인 바오젠일용품유한공사(이하 바오젠 그룹)가 직원들의 노고를 보상하는 포상여행지로 제주도를 택한 것이다. 바오젠 그룹의 직원 1만 1,000여 명이 여덟 차례에 걸쳐 제주도를 찾았고 이들이 제주도에서 소비한 돈은 300억 원이 넘는 것으로 추정됐다.

바오젠 그룹은 원래 2010년 10월에 일본 도쿄, 오사카로 포상여행을 갈 계획이었다. 그런데 그해 9월 조어도에서 중국 어선과 일본 순시선이 충돌하는 사건이 일어났다. 일본에 대한 중국의 감정이 악화되면서 바오젠 그룹은 일본행 포상여행을 취소했다.

바오젠 그룹은 2011년도 포상여행지 후보에서도 일본을 제외시

컸다. 바로 우리나라, 호주, 싱가포르 등이 관광지 유치전에 뛰어들었다. 제주도는 문화체육관광부, 한국관광공사, 서울시 등과 공동으로 유치작전에 나서면서 유네스코 자연과학분야 3관왕(생물권 보전지역 지정, 세계자연유산 등재, 세계지질공원 인증) 등극과 세계 7대 자연경관 도전 등을 내세우며 제주도만의 독특한 자연환경을 홍보해 유치에 성공했다.

제주도는 2011년 11월에 세계 7대 자연경관으로 최종 선정되면서 국내외 일반 관광객은 물론 바오젠 그룹과 같은 포상여행과 대규모 국내외 행사를 유치해 마이스(MICE) 산업을 키우는 데 중요한 발판으로 삼는다는 계획이다. 마이스 산업이란, 기업회의(Meeting), 포상관광(Incentives), 컨벤션(Convention), 이벤트와 박람전시회(Events & Exhibition)를 융합한 새로운 산업을 말한다. 이는 국제회의 자체를 뜻하는 '컨벤션'이 회의, 포상관광, 각종 전시박람회와 이벤트 등 복합적인 산업의 의미로 해석되면서 생겨난 개념이다.

전부 사람이 많이 몰리는 행사이다 보니 행사장과 행사 관련 전시·컨벤션 등 시설업체들과 이벤트업체, 호텔·항공·여행사·유통·음식점 등 서비스업계가 직·간접적으로 수혜를 입는다. 여기에 카지노 같은 시설의 인접성까지 좋다면 관광객의 씀씀이도 커지게 된다. 모두 국내 경제에 주는 파급효과가 크다. 쉽게 말하자면 행사에 오는 사람들이 먹고 자고 시설을 이용하면서 쓰는 돈을 벌어들이는 산업이 바로 마이스 산업이다.

한국관광공사에 따르면 2010년 한 해 국내 마이스 행사는 총 2만 516건이었으며 전체 마이스 행사 참가자는 약 1,000만 명으로 집계됐다. 마이스 행사 개최로 창출된 경제적 효과는 30조 원이 넘고 고용효과는 16만 4,000명에 이른다. 마이스 행사에 참가자 100명을 유치하면 중형차 21대, 42인치 LCD TV 1,531대, 휴대전화 1,076대를 수출하는 것과 맞먹는 효과를 낸다.

마이스 산업은 외화가득률(한 나라의 총수출액 가운데서 실제로 얻은 외화에 대한 백분율)도 90퍼센트에 달해 자동차의 외화가득률 71퍼센트, TV의 외화가득률 60퍼센트, 휴대전화의 외화가득률 52퍼센트, 반도체의 외화가득률 43퍼센트 등 주요 산업보다 월등히 높다. 예를 들어 200달러짜리 상품을 수출했을 때 원자재가 100달러짜리 수입품이었다면 외화 가득률은 50퍼센트이며 순수하게 벌어들인 외화는 100달러가 된다.

국내로 들어온 외국인들의 1인 평균 소비액은 2,432달러로 일반 관광객의 평균 소비액 1,298달러보다 87퍼센트나 씀씀이가 컸다.

그뿐만 아니라 매출금액 10억 원당 고용효과 측면에서도 마이스 산업은 반도체(36명), 조선(32명), 섬유(32명), 자동차(23명) 산업보다 높은 52명의 고용효과를 창출하는 것으로 평가받고 있다.

이 같은 마이스 산업의 장점 때문에 제주도, 서울뿐 아니라 부산, 대구, 인천, 광주, 울산, 대전 등 6대 광역시와 도(都)들이 마이스 산업 육성에 적극 나서고 있다. 무엇보다 2012년에는 '2012 서울 핵안보정상회의', '2012 여수세계박람회' 등 전 세계의 이목을 집중시킬 만한 대규모 국제행사가 열려 한국 마이스 산업에 전환점이 될 것으로 보인다.

각 지역에서도 굵직한 마이스 관련 행사들이 열린다. 5월에는 한국과 일본 경제계를 대표하는 상공회의소 수장들이 한자리에 모이는 '2012 한·일 상공회의소 정상회의'가 부산에서 열릴 예정이다. 대전에서는 조리사들의 올림픽으로 불리는 '제35회 세계조리사회연맹총회'가 요리사, 미식가, 바이어 등 97개국 3만여 명이 학술회의, 전시회, 강연, 문화행사 등에 참석한 가운데 열린다.

7월에는 서울에서 수학교육의 올림픽이라는 '제12차 국제수학교육대회'가 열린다. 국제수학교육위원회가 4년마다 개최하는 행사로 100여 개국에서 수학자, 수학교사, 대학원생 등 5,000여 명이 참여한다. 2년 뒤인 2014년에는 국제수학자대회가 서울에서 열린다. 세계수학연맹이 선포한 '세계 수학의 해'인 2013년을 전후해 수학계 최대의 국제대회 2개를 우리나라가 유치한 것이다.

9월에는 전라북도 무주에서 'OECD 관광위원회'가 열린다. 'OECD 관광위원회'는 OECD 회원국의 문화관광정책을 담당하는 고위급 주요 정책결정자와 관광전문가들이 참가하는 회의이다. 이는 각국의 관광정책을 비교·평가하고, 관광경쟁력 제고를 위한 정책방안을 논의하는 한편 녹색관광 등 관광산업의 새로운 돌파구를 논의하는 자리다. 이 회의에는 관광선진국을 중심으로 OECD 34개 회원국과 OECD 가입 승인국인 러시아, OECD 관계 강화국인 중국·인도·브라질·인도네시아·남아프리카공화국 등 세계 50여 개국 150여 명의 대표단이 참가한다. OECD 비회원 국이지만 아시아·태평양 경제협력체(APEC)에 속한 필리핀·베트남·태국·말레이시아·페루 등도 초청된다.

또한 9월에는 천혜의 섬 제주도를 전 세계 전문가들에게 자랑할 수 있는 행사인 '2012 제주 세계자연보전총회(World Conservation Congress, 이하 WCC 2012)'가 열린다. 지구촌 환경올림픽으로 불리는 행사로 180여 개국 1,100여 개 단체에서 세계자연보전연맹의 회원, 전문가 등 외국인 8,000여 명과 내국인 2,000여 명, 총 1만여 명이 참가한다. 우리나라는 'WCC 2012' 개최로 '저탄소 녹색성장 선도국'으로서 국가브랜드의 가치 및 위상을 높일 계획이다.

10월에는 세계 각국 과학영재들이 천문 분야의 지식과 기량을 겨루는 '제17회 국제천문올림피아드'가 국내 최초로 광주에서 열린다. 국내에서 수학, 물리, 화학 등의 국제올림피아드가 열린 적은 있으나 천문 분야 국제올림피아드 개최는 이번이 처음이다. 이 대회에는 30여 개국 중·고등 과학영재 300여 명이 국가별 예선을 거쳐 참가한다. 대회기간 중에는 한국천문학회와 한국우주과학회 등이 공동주최하는 국제학술대회도 열린다.

이외에도 2012년은 우리나라와 수교를 맺은 지 10년이 되는 나라가 48개국에 이른다. 칠레와 중남미 지역들과는 50주년이고 중국, 중앙아시아 등과는 20주년이 된다. 양국에서 수교를 기념한 다양한 행사가 열릴 예정이어서 관광업계와 전시컨벤션업계뿐만 아니라 이들 지역과 거래하는 기업들이라면 각별히 관심을 가질 필요가 있다.

이처럼 국내 마이스 산업은 양적으로 성장했지만 질적으로는 여전히 부족한 점이 많다. 2000년 ASEM(아시아유럽정상회의) 정상회의를 개최하기 위해 서울 삼성동 코엑스에 전시컨벤션센터를 증축한 것을 시작으로 현재 국내에는 전시컨벤션시설이 12개 있다. 하지만 외형에 맞는 인프라는 부족하다는 지적이 많다. 서울 코엑스의 경우 전시장과 컨벤션센터, 백화점, 호텔, 대형 복합문화공간, 도심공항터미널 등으로 복합단지화가 되어 있어 행사 유치를 통해 부가가치 창출과 지역경제를 활성화할 수 있다. 그러나 코엑스나 부산의 벡스코를 제외한 대부분 전시컨벤션센터는 복합단지화가 제대로 구축되지 않았다. 행사의 유치, 기획, 진행 등을 전문으로 하는 민간기업과 전문인력도 부족하다.

마이스 산업은 해당 도시와 시설의 브랜드이미지도 매우 중요한데 서울, 제주도, 강원도 등은 아직 미국의 라스베이거스, 싱가포르, 마카오, 파리 등에 비해 국제적 인지도가 낮다. 또한 우리나라는 여전히 외국인들과 의사소통하기 어렵고 서비스마인드가 부족하며 외국인들이 먹고 즐길 수 있는 인프라가 부족하다는 의견도 있다.

이런 문제에 대한 근본적인 문제의식 없이 정부, 지방자치단체들이 앞다퉈 마이스 산업 육성에 예산과 설비투자를 늘리면 황금알을 낳는 산업이라는 마이스 사업이 낙동강 오리알 신세의 산업이 될 수도 있다.

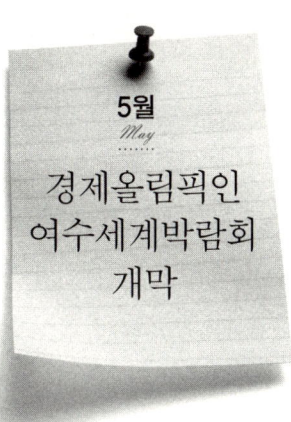

2010년 5월 1일부터 10월 31일까지 184일간 열렸던 '2010 상하이 엑스포'는 인산인해였다. 어디에 들어가려 해도 2, 3시간 줄서기는 기본이었다. 전 세계 192개국, 50개 국제기구가 참가한 상하이엑스포는 '아름다운 도시, 행복한 생활'이 주제였고 도시 다원문화의 융합, 도시 경제의 번영, 도시 과학기술의 혁신, 도시지역의 재건설, 도시와 농촌의 상호교류가 소주제였다. 상하이엑스포는 국가관별로 이들 주제와 연관된 주제를 별도로 선정해 국가의 특색을 살린 건축과 전시, 체험방식에서 화제를 모았다. 전 세계에서 7,300만 명이 다녀갔고 한국관에는 725만 명이 다녀갔다.

중국은 상하이엑스포를 통해 전 세계에 중국의 위상을 알리고자 막대한 자금과 인력을 쏟아 부었다. 지하철 3배 확충, 공항 재건 등 각종 인프라의 직·간접 투자규모는 450억 달러로, 2008년 베이징올림픽을 뛰어넘었다고 한다. 상하이엑스포는 상하이 GDP를 2~5퍼센트 상승시킬 것으로 예상됐다.

엑스포를 흔히 '경제올림픽'이라고 부른다. 투자 대비 직·간접 경제효과가 올림픽을 능가하기 때문이다. 엑스포의 행사는 경제·사회·문화를 총망라하고 행사기간도 5, 6개월이 넘는다. 엑스포는 현장 관람이 필수여서 관광, 외식, 교통 등 인근 산업에 미치는 파장이 클 수밖에 없다. 한마디로 판이 크다.

상하이엑스포 관람객이 7,300만 명이라면 이들이 구매한 재화 및 서비스 가치는 최소 1,800억 위안(상하이 GDP의 13퍼센트)에 달할 것으로 추정된다. 또한 일자리만 20만 개 이상이 생긴 것으로 파악됐다.

상하이의 바통을 이어받아 우리나라 전라남도 여수 신항 및 덕충동 일원에서 2012년 5월 12일부터 8월 12일까지 3개월간 '2012 여수세계박람회'가 열린다(2012 여수엑스포, 2012 여수박람회 등이 정식 약칭, 이하 여수엑스포). 여수엑스포는 대전엑스포에 이어 우리나라에서 두 번째로 열리는 세계박람회로 '살아 있는 바다, 숨 쉬는 연안'을 주제로 한다. 2012년 2월이면 세계 최초로 바다 위에 세워지는 전시관인 주제관, 100여 개 국가가 참가하는 국제관 등 10여 개 전시관과 각종 체험시설이 완공된다.

여수엑스포가 열리는 곳은 해양자원을 오염 없이 현명하게 활용하는 해양과학기술의 성과와 미래를 보여준다. 신재생에너지

사용과 에너지 절약형 빌딩, 친환경 자동차 등을 통해 탄소배출을 최소화하는 그린시티로 운영된다.

박람회와 별개로 여수엑스포에서는 범지구적 차원에서 위기에 처한 해양과 연안의 환경, 생태계 보전을 위한 선언과 실천도 마련된다. 여수 선언과 여수 프로젝트가 바로 그것이다. 여수 선언은 행사기간 중 취지에 공감하는 참가국 및 국제기구들의 지지 속에 채택될 것으로 스톡홀름 선언, 나이로비 선언, 리우 선언, 요하네스버그 선언 등 여러 지구환경 관련 선언의 맥을 잇는 해양 선언이다. 또한 여수 선언의 실천적 조치를 담은 여수 프로젝트는 해양과 연안의 문제로 어려움을 겪고 있는 개발도상국을 지원하는 국제협력 프로그램인데, 우리나라는 이 프로그램의 시범사업을 위해 2012년까지 총 100억 원을 지원할 예정이다.

본 행사에 들어가면 공연과 놀라움이 가득한 해양 퍼포먼스뿐만 아니라 다목적 실내공연장, 전통공연장, 천막극장, 대규모 야외공연장, 야외광장 등에서 세계 최고 수준의 공연들이 매일 40여 차례 이어진다.

수산체험장에서는 해상에 실물 연안어선, 미니양식장 시설, 이동식 바다숲을 전시해 직접 어선을 타고 어로장비를 둘러보거나 양식장의 물고기, 조개 등을 눈으로 확인할 수 있다. 육상의 수산체험장에서는 모형 원양어선이나 냉동어장 등으로 첨단어업의 현장감을 느끼고, 야외에 설치된 죽방렴·어전 등의 미니어처로 선조들의 고기잡이 지혜를 알게 된다. 에너지파크는 신재생에너지

첨단기술의 시현 및 체험 공간으로 관람객이 휴식을 취하면서 자연스럽게 미래 녹색에너지 기술을 경험해볼 수 있다.

여수엑스포는 '아름다운 바다의 도시'라는 이름 그대로 '여수'를 세계에 알리는 기회가 된다. 박람회장에서 바다를 가로질러 직접 연결되는 오동도는 190여 종의 희귀 수목이 울창한 숲을 이루고 해변의 기암괴석도 아름답다. 시멘트 사일로(저장탑)를 예술작품으로 승화시킨 스카이타워의 상부 전망대에서는 박람회장 전경뿐만 아니라 탁 트인 바다와 여수 시내를 한눈에 감상할 수 있다.

여수엑스포에서 IT강국 코리아의 위상도 맘껏 발휘하게 된다. 스마트폰이나 컴퓨터, 박람회장의 정보제공기기로 박람회 관련 정보를 얻을 수 있고 전시관람이나 문화공연 안내뿐만 아니라 교통편, 주변관광지, 음식점, 숙소 조회 및 예약까지 박람회 관람을 위한 모든 서비스가 포털사이트를 통해 제공된다. 시간적인 문제 등으로 박람회에 갈 수 없는 경우에도 VR(가상현실)과 3D 영상으로 박람회장의 전시관과 전시물을 현장에 간 듯 생생하게 체험할 수 있다.

박람회장 안팎에서는 국내 최초로 바다 위에 세워지는 주제관, 탄소중립(경제활동으로 배출되는 탄소의 양이 전혀 없는 상태가 되는 것)의 미래형 건축물인 한국관, 다도해의 풍광을 형상화한 국제관, 거대한 하프 형태의 스카이타워 등 다양한 전시관들이 여수엑스포의 주제를 개성 있게 살려내며 전 세계 참가국 전시관들도 저마다 독특한 색깔로 관람객을 맞이할 것이다.

여수엑스포 주최 측은 행사기간 동안 전 세계에서 800여만 명 이상이 다녀갈 것으로 예상하고 있다. 이로 인해 전국적으로 생산 12조 2,328억 원, 부가가치 5조 7,201억 원, 고용 7만 8,833명의 경제적 효과가 발생할 것으로 본다.

우리부터 여수엑스포에 관심을 가져준다면 행사의 성공적 개최는 물론 지역경제효과, 국가브랜드 인지도 제고의 기회로 생각된다. 한편으로 여수엑스포의 성공은 국가관에 참가하는 국내 기업은 물론 공식후원사들에도 직·간접적인 홍보의 장이 될 것이다.

# 휴대전화 단말기, 이동통신사 선택을 소비자가 결정한다

2011년 타계한 스티브 잡스의 히트작은 아이폰이다. 아이폰은 휴대전화에 인터넷과 컴퓨터 등 각종 기능이 더해진, 전혀 새로운 제품이다. 아이폰의 새 모델이 나올 때마다 전 세계에서는 아이폰을 구매하려는 행렬이 줄을 잇는다. 여기서 이상한 점이 하나 있다. 미국 사람들은 아이폰을 애플 매장에서 산다. 반면 우리나라 사람들은 통신사 매장에서 산다. 동일한 제품을 미국은 제조사에서, 한국은 통신사에서 판매하는 것이다. 왜 그럴까?

이는 미국과 우리나라가 휴대전화의 운영방식과 단말기 국제고유 식별번호(International Mobile Equipment Identity, 이하 IMEI) 제도의 차이 때문이다.

각 나라에서는 분실됐거나 도난당한 휴대전화를 불법으로 사용하지 못하도록 이동통신사에 IMEI를 등록하게 되어 있다. 미국, 유럽, 남미 등에서는 분실이나 도난 신고가 들어온 휴대전화가 아닌 모든 휴대전화 단말기에 유심(USIM, 가입자 식별카드)을 삽입하면 통신이 가능한 개방형 블랙리스트 제도를 운영하고 있다. 도난, 분실 등 문제 있는 휴대전화만 사용을 제한한다고 하여 '블랙리스트'라고 한 것이다. 그래서 이동통신사 대리점 외에 제조사, 유통업체 등에서 자유롭게 휴대전화를 구매하고 그 즉시 사용할 수가 있다. 새 번호가 들어 있는 유심칩만 사서 중고 휴대전화에 끼워도 통화가 된다.

반면 우리나라는 문제가 있든 없든 모든 휴대전화에 사용을 제한했다. 그리고 이동통신사들이 자사 시스템에 IMEI가 등록된 휴대전화 단말기만 개통해주는 폐쇄형인 화이트리스트 제도를 운영하고 있다. 따라서 휴대전화 단말기를 갖고 있어도 이동통신사 대리점에 가서 등록절차를 밟아야 한다. 이동통신사에 등록을 하지 않은 전화기는 유심을 끼워도 통화가 되지 않는다.

화이트리스트 제도를 운영하는 나라는 전 세계에서 우리나라와 터키뿐이다. 소비자에게 단말기와 이동통신사를 선택할 수 있는 권리를 제한하는, 이 불편한 제도가 왜 지금까지 계속됐을까?

이동통신사들은 그동안 가입자가 휴대전화를 분실이나 도난당했을 때 IMEI를 몰라도 전화번호만 신고하면 단말기의 불법사용을 차단할 수 있으며 소비자가 휴대전화 구매와 이동통신사 서비스 가입을 한 곳에서 처리하면 편리하다고 주장해왔다. 그렇게 되면 다양한 부가서비스와 보조금 지급으로 휴대전화의 가격부담을 줄일 수 있다면서 말이다. 하지만 휴대전화 유통을 이동통신사가 장악하자 휴대전화 가격에 거품이 생겼다.

2012년 5월부터 우리나라도 미국, 유럽처럼 블랙리스트 제도가 시행된다. 마음에 드는 휴대전화 단말기와 이동통신사를 마음대로 골라 가입하고 사용할 수 있다. 그 대신 IMEI를 가입자 스스로 관리해야 하기 때문에 휴대전화를 분실하거나 도난당해서 서비스 이용을 중지하려면 가입자가 IMEI를 이동통신사에 직접 알려줘야 한다. 만약 가입자가 분실·도난에 미리 대비하고자 한다면 가입단계에서 이동통신사에 본인의 IMEI를 등록할 수 있다.

번거로움도 있다. 휴대전화만으로는 개통이 되지 않으니 단말기 판매점과 이동통신사 대리점을 모두 방문해야 한다. 또한 블랙리스트 제도는 3G(3세대) 이동통신 서비스를 제공하는 SK텔레콤과 KT에만 우선 적용된다. 3G부터 유심과 단말기가 분리됐기 때문이다. LG유플러스는 2G(2세대) 서비스를 종료하고 4G(4세대) 서비스로 완전히 전환하는 시점에서 이 제도를 적용할 예정이다.

블랙리스트 제도의 시행은 통신사, 제조사, 대리점 등 기존의 휴대전화 유통에 지각변동을 불러일으킨다. 휴대전화 단말기를 이동통신사 대리점, 제조사 직영점, 할인점, 온라인 판매점 등 아무 곳에서나 팔 수 있다. 해외의 저가 단말기 전문매장, 중고폰 매장 등 전에 없던 유형의 유통망도 등장할 수 있다. 이처럼 유통망이 많아지면 단말기 판매점 및 단말기의 선택권이 소비자에게 돌아가니 소비자로서는 값싼 단말기를 구입할 수 있고 단말기 선택의 폭이 넓어진다. 휴대전화의 공급가격에 일정한 마진 정도만 붙여서 팔 수 있기 때문에 보조금, 장려금 등 복잡한 휴대전화 가격체계도 단순화될 것이다. 또한 이동통신사는 가입자를 끌어들이기 위해 더 저렴한 요금제와 더 좋은 서비스를 내세우게 된다.

2012년 상반기부터 휴대전화 요금고지서에 해지비용 및 약정기간 내용이 매월 또는 3개월 단위로 표기된다. 그렇게 되면 실제로 이용자가 이용계약을 해지하기 전에 해지비용 내역을 미리 확인할 수 있어 합리적인 판단을 내리는 데 도움이 된다. 통신사마다 다르게 표기됐던 휴대전화 단말기 할부금 표기방식도 통일해 좀 더 쉽게 단말기 가격정보를 비교하고 확인할 수 있다. 장애인을 위해서는 점자고지서, 음성안내고지서 등 특수한 형태의 요금고지서가 제공된다.

2011년 12월부터 휴대전화에 가격표시제도가 시행됐다. 그전까지 통신사들은 '35요금제(월 3만 5,000원 요금제)' 등을 홍보하면서 출고가 79만 7,900원짜리 휴대전화를 공짜라고 선전했다. 하지만 실제 휴대전화 가격은 34만 3,200원이었다. 게다가 월 통신비 2만 700원에 휴대전화 할부금 1만 4,300원을 더한 3만 5,000원을 24개월 동안 내야 했다. 그것을 35요금제라고 포장한 것이다. 이제는 A요금제 38만 원, B요금제 34만 원과 같이 표시해야 한다.

공짜폰이라는 표현도 쓰면 안 된다. 가격표시의무가 적용되는 품목은 휴대전화, 태블릿 PC 등 매장에서 판매되는 모든 제품이다. 가격표시대상 점포는 직영·전속 대리점, 판매점, 무점포(온라인 판매 사이트, TV 홈쇼핑 채널) 등 매장 크기에 상관없이 유통망 전체 점포가 대상이다. 현재 휴대전화 점포는 이동통신사 대리점 7,600개, 판매점 2만 9,800개, 온라인 채널 200개 등 4만여 곳이 넘는 것으로 추정된다. 휴대전화의 판매가격은 라벨, 스탬프, 꼬리표 또는 일람표 등을 만들어 개별 휴대전화에 표시하되 소비자가 쉽게 알아볼 수 있도록 선명하고 명확해야 한다. 만약 부당한 행위가 적발되면 최고 1,000만 원 이하의 과태료를 낸다.

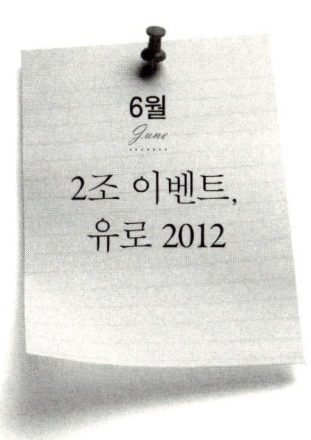

6월
*June*

2조 이벤트,
유로 2012

2010년 3월 현대자동차 본사에서 정몽구 회장이 유럽축구연맹
(The Union des Associations Europeennes de Football, 이하 UEFA) 회
장인 미셸 플라티니를 만났다. UEFA는 국제축구연맹(이하 FIFA)
산하, 유럽을 대표하는 축구단체이다. 이 자리에서 현대자동차는
UEFA가 주관하는 'UEFA 유로 2012', 'UEFA 유로 2016'을 공식
후원하기로 했다.

현대자동차는 이미 지난 'UEFA 유로 2000'과 'UEFA 유로 2004'
대회에 자동차 부문 공식 후원사로 참여했는데, 'UEFA 유로 2008'
대회 때부터는 현대자동차와 기아자동차가 공동으로 최고등급인
공식파트너로 격상돼 이번에 후원기간을 더 늘린 것이다. 공식파
트너는 현대기아차 외에 아디다스, 캐논, 칼스버그, 카스트롤, 코

카콜라, 콘티넨탈타이어, 맥도널드, 샤프 등이 있다.

현대기아차는 2016년 'UEFA 유로 2016'까지 공식파트너로서 모든 본선대회에 공식 차량과 버스를 독점적으로 지원한다. 유럽에 이 대회가 중계될 때 대회 공식로고를 이용해 현대차, 기아차의 광고와 프로모션 및 마케팅을 다양하게 할 수 있다. 현대차와 기아차는 이밖에도 2010년 남아공 월드컵과 2014년 브라질 월드컵 등 FIFA 주관 대회의 공식파트너로 활동하면서 축구마케팅에 적극적이다.

글로벌 기업들은 전 세계 최고 인기 스포츠인 축구와 연계한 마케팅으로 브랜드의 위상을 높이려고 한다. 특히 유럽 프로축구 3대 리그인 영국 프리미어리그, 스페인 프리메라리가, 이탈리아 세리에A에 후원하려고 너도나도 줄을 대고 있을 정도다. 국내에서는 박지성, 박주영, 지동원, 이청용 등이 뛰고 있는 영국 프리미어리그를 최고로 꼽고 있다.

삼성전자는 2005년부터 첼시 FC를 후원하고 있는데 광고효과는 후원금액의 5배가 넘는 것으로 평가된다. 현대기아차는 'UEFA 유로 2008' 대회를 공식 후원하면서 각종 홍보활동으로 약 8조 원의 광고효과를 얻은 것으로 추산하고 있다. 'UEFA 유로 2012' 대회에서는 대회 사전고지 방송 증가 등으로 약 10조 원의 광고효과를 예상하고 있다.

현대기아차가 10조 원짜리 광고효과로 평가하는 'UEFA 유로 2012'는 2012년 6월부터 한 달간 우크라이나와 폴란드에서 열린다.

이 대회는 유럽축구계의 맹주인 UEFA가 주관하는 3대 빅 이벤트 중 하나다. 3대 빅 이벤트에는 유럽 각국의 프로축구리그에서 활동하는 가장 우수한 클럽들을 대상으로 매년 열리는 클럽축구 대회인 'UEFA 챔피언스리그'와 UEFA 가맹국의 프로축구리그 상위 팀들 간에 벌어지는 축구대회인 'UEFA 유로파리그'가 있으며 이들 두 대회는 매년 열린다.

반면 'UEFA 유로', 그러니까 유럽축구선수권 대회는 월드컵이 열리지 않는 짝수년, 즉 4년에 한 번씩 열리는 유럽축구 국가대항전이다. 워낙 쟁쟁한 국가들이 자웅을 겨루다 보니 '브라질이 빠진 월드컵'으로도 불린다. 남아메리카 국가끼리 벌이는 축구대회인 코파아메리카(Copa America, 남미축구선수권대회)와 함께 세계 축구의 양대 흐름을 파악할 수 있는 무대이다.

'UEFA 유로'는 개최국을 제외한 나머지 UEFA 가맹국들이 홈 앤드 어웨이(Home and away, 자기의 홈그라운드에서 상대를 맞아 경기한 다음 같은 상대의 홈그라운드에 가서 그 상대와 경기를 하는 것) 방식으로 조별 예선과 플레이오프를 치러 본선에 오를 16개국 팀을 가린다. 본선에서는 다시 4개 조로 나뉘어 풀리그(full league, 한 조에서 모든 팀이 각자 한 번씩 경기를 가지는 방식)로 예선을 치른 뒤 각 조 1, 2위 팀이 토너먼트(1회 경기의 승자가 진출하는 방식)로 8강, 4강, 준결승, 결승전을 치르며 최종 우승팀을 가린다. 월드컵의 예선, 본선과 같다고 생각하면 된다.

'UEFA 유로 2012'의 개최국은 월드컵처럼 충분한 심사와 평가를 거쳐 2007년에 폴란드와 우크라이나가 공공 개최국으로 선정됐다. 예선이 완료되면 본선 추첨을 하고 개막전은 폴란드 바르샤바에서, 결승전은 우크라이나 키예프에서 열린다.

월드컵의 경우 대륙별로 본선 출전 티켓이 배정되어 국가 간, 대륙 간 실력 차가 크게 날 때도 있어 종종 재미없는 경기도 보게 된다. 하지만 유럽은 전통적으로 축구강국이 많고 오랜 역사 속에서 한국과 일본처럼 앙숙과 라이벌 관계의 국가가 꽤 있다. 명승부가 펼쳐질 경우가 더 많고 국가대항전이라 각국의 자존심을 건 경쟁으로 더욱 치열하다. 특히 영국과 프랑스, 스페인과 포르투갈, 이탈리아와 독일, 터키와 러시아 등이 붙을 경우 축구팬들로서는 대진표만으로도 설렘과 기대가 크다.

독일(3회 우승, 1972년 · 1980년 · 1996년)과 프랑스(2회 우승, 1984년 · 2000년)를 제외하고는 두 차례 이상 우승한 국가가 없고 두 차례 이상 연승한 국가도 없다. 최근에 우승한 팀을 살펴보면, 'UEFA 유로 96'은 독일, 'UEFA 유로 2000'은 프랑스, 'UEFA 유로 2004'는 그리스, 'UEFA 유로 2008'은 스페인이다.

'UEFA 유로 2012'의 경제적 효과도 적지 않을 전망이다. 'UEFA 유로 2008'에서는 경기당 평균 3만 7,000명, 총 114만 명의 관객이 경기장을 방문했으며 전 세계 180개국 80억 명(UEFA 추정치)이 TV로 경기를 관람했다.

UEFA가 'UEFA 유로 2008'을 치르면서 일으킨 총수익은 무려 13억 유로(2조 500억 원)로 추산됐다. 방송중계권 수입이 60퍼센트,

광고 수입이 21퍼센트, 서비스산업 수입이 12퍼센트, 입장권 판매수입 7퍼센트로 이뤄져 있다. 이 가운데 UEFA의 순수익은 2억 5,000만 유로(4,000억 원)가량이다.

'UEFA 유로 2008' 당시 우승팀은 2,300만 유로(361억 원)의 돈방석에 앉았고 본선 16개에 배분되는 총상금액만 1억 8,400만 유로(2,910억 원)였다. 2006 독일 월드컵의 우승상금이 2,450만 스위스 프랑(239억 원)임을 감안하면 실로 엄청난 액수이다.

그런데 이번에는 사정이 좀 달라졌다. 'UEFA 유로 2012'가 끝난 직후 바로 영국 런던에서 (하계)올림픽이 열린다. 기업들로서는 런던 올림픽과 'UEFA 유로 2012'가 한꺼번에 그것도 유럽에서 열리다 보니 마케팅비용을 줄일 가능성이 있다. 아무래도 올림픽이 더 광고효과가 크기 때문에 불과 한 달 전에 열리는 'UEFA 유로 2012'에 전념하기 힘들기 때문이다. 또한 유로화를 쓰는 유로존 국가, 특히 축구명가(스페인, 포르투갈, 그리스, 이탈리아) 등의 경제가 파탄 직전이고 다른 나라들도 재정위기에 국민들의 생활여건도 어려워, 중계권이나 광고수입 등이 줄어들 가능성도 있다. 그래도 축구라는 단체경기로 얻은 시너지가 각 나라의 경제 살리기에 원동력으로 작용할 수 있었으면 한다.

# 2012

## 3분기

# Business Plan

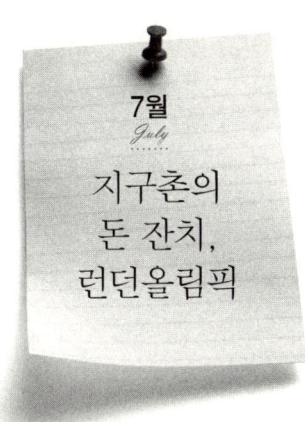

**7월**
*July*

지구촌의
돈 잔치,
런던올림픽

 

지구촌 최대의 스포츠 행사이자 전 세계 기업들의 마케팅 전쟁 터가 될 제30회 (하계)올림픽이 오는 7월 27일 런던 올림픽스타디움에서 막을 올려 8월 12일까지 열전을 치른다.

이번 올림픽에는 전 세계 205개국의 1만 명이 넘는 선수들이 26개 종목에서 302개 금메달을 놓고 치열한 경쟁을 펼친다. 런던과 한국의 시차가 9시간(한국이 9시간 늦음)이 나기 때문에 경기가 오후나 저녁에 치러지면 한국은 늦은 밤이나 새벽에 생중계된다. 때마침 여름휴가철이라 전 국민이 밤새워 응원할 것이다.

런던은 근대 올림픽 역사에서 처음으로 올림픽을 세 차례나 치르는 도시가 됐다. 이번 대회의 슬로건은 '하나의 삶(Live As One)'이다. 스포츠의 힘으로 전 세계가 동질감을 느끼자는 취지다. 영국은 친환경 올림픽을 치르겠다고 선언하면서 이번 대회에 총 93억 파운드(약 16조 원)를 쏟아 부었다. 올림픽스타디움이 있는 올림픽 공원은 몇 년 전만 해도 산업 폐기물로 뒤덮인 매립장이었다. 이처럼 오염이 심각한 런던 동부지역을 대규모 도시공원으로 조성해 각종 경기장을 만들고 빗물을 각 시설물의 용수로 사용하는 계획 등을 세운 런던올림픽은 인간과 자연, 스포츠의 조화에 초점을 맞췄다.

런던올림픽의 마스코트는 외눈박이 모습의 '웬록(Wenlock)'과 '맨더빌(Mandevile, 장애인 올림픽 마스코트)'이다. 모두 금속성 소재로 된 가상의 캐릭터다. 웬록은 근대 올림픽의 창시자인 프랑스의 피에르 쿠베르탱 남작이 19세기 영국 중서부의 슈롭셔에 있는 머치웬록이라는 마을에서 열린 경기를 보고 올림픽을 창안한 것을 기념해 만들어졌다. 맨더빌은 장애인 올림픽이 처음으로 치러진 영국 잉글랜드 중남부 버킹엄셔의 스토크맨더빌 병원 이름에서 따왔다. 두 마스코트 모두 특이하게 눈이 하나인데 이는 카메라의 렌즈를 상징한다.

400그램에 달하는 이번 런던올림픽의 메달은 올림픽 사상 가장 무겁게 제작되었으며 그리스 신화에 나오는 '승리의 여신 니케'를 앞면에, 런던올림픽 로고와 함께 템스 강 등 런던 상징물을 뒷면에 새겨 넣었다.

전 세계인의 관심은 당연히 육상 100미터 단거리 세계기록(9초 58) 보유자인 우사인 볼트다. 자메이카 육상선수인 그는 9초 4까지 기록을 단축할 수 있다고 호언했는데 이번 대회에서 어떤 기록이 나올지 기대가 크다.

볼트가 세계 최고기록을 갈아치운다면 그의 몸값은 천정부지로 뛰어오른다. 스포츠브랜드 퓨마는 주니어 무대에서 이름을 날리던 볼트를 발굴해 2003년부터 후원해왔다. 볼트가 2008년 베이징올림픽에서 세계 최고기록을 깨자 퓨마의 인지도와 매출도 크게 상승했다. 볼트와 퓨마는 2013년까지 계약을 연장했는데 일각에서는 볼트가 자신의 이름을 내걸고 퓨마가 만든 의류, 신발 제품의 '볼트 컬렉션' 덕에 2억 5,000만 달러(2,982억 원)라는 천문학적인 금액을 벌어들일 것이라고 했다.

런던올림픽에서 우리나라 목표는 '3연속 톱10 진입'이다. 우리나라는 2004년 아테네올림픽에서 금메달 9개를 획득해 9위에 오른 데 이어 2008 베이징올림픽에서는 금메달 13개로 7위까지 도약했다. 이번에는 양궁, 배드민턴, 복싱, 펜싱, 체조, 여자핸드볼, 유도, 사격, 수영, 탁구, 태권도, 역도, 레슬링 등 13개 종목을 '메달획득 중점지원 종목'으로 선정했다. 이를 바탕으로 26개 종목에 280명의 선수를 출전시키고 금메달을 13개 이상 따내 2008 베이징올림픽 때보다 더 좋은 성적을 거두겠다는 포부다.

초창기 올림픽은 스포츠를 통한 도덕성 회복, 인류평화 기여 등이 목적이었다. 따라서 순위를 매기지도 않았고 종합점수도 없었다. 지금도 국제올림픽위원회(International Olympic Committee, 이하 IOC)는 국가별 순위를 인정하지 않고 있다. 그런데 올림픽을 지구촌 최대의 돈 잔치로 부르게 된 데는 불가피한 사연이 있다. 전 세계가 모인 행사이다 보니 처음부터 돈이 문제였다.

1896년 제1회 올림픽 때부터 스폰서가 등장했다. 당시는 카메라 필름업체인 코닥이 대회 스폰서로 참여했다. 이후 스폰서십이 활성화됐고 1988년 서울올림픽에서는 IOC가 10여 개 품목별로 1개 기업에만 올림픽 후원자격을 독점적으로 부여하는 '올림픽 파트너스(IOC 공식후원사)'란 비즈니스 모델을 도입했다. 공식스폰서는 후원금이나 현물을 제공하고 세계 시장에서 4년간 독점적으로 오륜마크를 사용하면서 올림픽 마케팅을 펼칠 수 있는 독점적 권리를 갖는다.

1988년 서울올림픽의 직·간접적 경제 효과는 26억 달러, 1996년 애틀랜타올림픽은 35억 달러, 2000년 시드니올림픽은 51억 달러에 이르렀다. 2008 베이징올림픽이 개최된 3주 동안 해외방문객은 1억 5,000만 달러를 지출했지만 중국 정부가 생각하는 직·간접적 효과는 700억 달러가 넘었다.

2012 런던올림픽의 경우 올림픽 및 장애인올림픽이 개최되는 7주 동안 해외 방문객이 7억 5,000만 파운드(11억 8,300만 달러)를 쓸 것으로 예상됐다. 이는 2000년 시드니올림픽, 2004년 아테네올림픽의 2배 수준이다. 이와 별도로 영국 국민에 의한 내수효과도 4,100만 파운드(6,467만 달러)에 이를 것으로 추정된다. 영국에서는 런던올림픽으로 2015년까지 총 51억 파운드(80억 4,400만 달러) 규모의 경기 진작 효과를 지속적으로 누릴 것으로 예상했다. 이는

영국 경제에 즉각적이고 상당한 파급효과를 가져오게 된다.

올림픽 기간 중에는 올림픽과 관련해 다양한 홍보, 광고, 마케팅 활동을 보게 된다. 하지만 올림픽의 엠블럼을 사용해 광고를 할 수 있는 곳은 전 세계에서 수십여 곳에 불과하다. IOC와 올림픽 월드와이드파트너를 맺은 곳은 11곳으로, 코카콜라, 글로벌 PC 기업인 에이서, 컴퓨터 서비스회사 오토스 오리진, 제너럴 일렉트릭(GE), 맥도널드, 오메가, 파나소닉, 삼성전자, 비자카드, 미국 화학업체 다우케미컬, P&G 등이다.

올림픽 월드와이드파트너는 약칭 TOP(The Olympic Partner)라고 한다. 서울올림픽 때 처음 도입된 프로그램으로 TOP 기업들은 올림픽 심벌인 오륜마크를 광고나 자사제품(참여품목에 한함)에 부착해 전 세계 IOC 가맹국에서 사용할 수 있다. 또한 올림픽에서 자사 제품을 우선적으로 대회조직위원회에 납품할 권리를 갖는다. 올림픽 운영에 필요한 컴퓨터는 전부 IBM이 공급하고, 청량음료는 코카콜라, 무선통신제품은 삼성이 공급하는 식이다.

TOP 기업들은 차기 올림픽 후원에 우선권을 갖는다. 예를 들어 런던올림픽의 TOP 기업 중 하나인 삼성전자가 다음 올림픽에 우선적으로 후원할 권리를 갖는데 만일 다음 올림픽 후원을 포기하지 않으면 IOC는 무선통신제품 관련해서 다른 기업이 후원할 기회를 얻지 못한다.

이외에 런던올림픽 공식 후원사(스폰서)가 있는데 이들은 런던올림픽에 한해서만 후원할 수 있게 되어 TOP 기업보다는 급이 낮다. 런던올림픽의 공식 후원사는 BP(석유기업), BMW(자동차), 아디다스(스포츠용품), BT(통신회사), EDF(전력), 로이드(보험) 등이 있다.

한국에서는 삼성전자가 유일하게 TOP 기업이다. 삼성전자는 2004년 토리노 동계올림픽을 공식 후원한 것을 시작으로, 2004년 아테네 하계올림픽부터 2016년까지 무선통신 분야의 올림픽 월드와이드파트너로 계약을 했다.

삼성전자는 코카콜라, 로이드와 함께 런던올림픽 후원사 자격으로서 8,000여 명에 이르는 성화 봉송주자 중 1,360명을 직접 선발할 수 있다. 성화 주자는 삼성 로고가 들어간 유니폼을 입고 뛰기 때문에 전 세계 시청자들에게 삼성전자의 인지도를 높이는 데 상당한 효과를 거둘 수 있다. 2004년에는 할리우드 스타 톰 크루즈와 실베스터 스탤론, 2006년과 2010년에는 김연아 선수가 뛰었다. 2012년 런던올림픽에서는 세계적인 축구스타 데이비드 베컴이 삼성 로고를 달고 홍보대사로 활약한다. 그의 계약기간은 2012년 12월 31일까지다. 휴대전화, TV 등 주요 제품에서 영국 시장 1위를 차지한 삼성 브랜드와 세계적인 스포츠 스타 베컴이 만나면 삼성 제품은 물론 브랜드 가치가 더욱 높아질 것이다.

세계적인 브랜드 컨설팅 그룹인 인터브랜드에 따르면, 삼성전자가 올림픽마케팅을 본격화한 1999년에 삼성의 브랜드 가치는 32억 달러(3조 6,000억 원)에 불과했지만 2011년에는 234.3억 달러(약 28조 원)로 늘어나 세계 100대 브랜드 가운데 17위를 기록했다고 한다.

올림픽 공식 스폰서가 아닌 기업들에도 기회는 있다. 올림픽을 공식 후원하는 업체가 아니면서도 광고문구 등으로 올림픽과 관련 있는 업체라는 인상을 주어 고객의 시선을 끌어 모으는 판촉전략이 있다. 이를 숨어서 한다고 해 앰부시(ambush, 매복) 마케팅이라고 한다. 올림픽이나 월드컵에서 대회 공식 로고나 마크, 휘장 등은 IOC나 FIFA와 공식 후원 계약을 맺은 공식 후원사나 공식 파트너만 사용할 수 있기 때문에 공식 후원사나 파트너가 아닌 업체들은 갖가지 수단을 동원해 올림픽이나 월드컵과 관련된 마케팅을 펼치게 된다.

공식 후원사로 선정되지 못한 기업이 대회 관련 응원단을 후원하거나 개별 선수 및 팀의 스폰서가 돼, 마치 공식 스폰서인 것처럼 자사의 이미지를 확대해나가는 전략이 대표적인 앰부시 마케팅이다. 나이키가 대표적인데 올림픽 마케팅을 교묘하게 펼친 덕분에 전 세계인들은 나이키를 올림픽 공식 후원사로 알고 있을 정도다.

런던올림픽을 전후해 국내의 경기부양 효과도 클 것으로 기대된다. 시장에서는 3차원, 디지털 TV의 수요가 폭발적으로 늘어날 것으로 보고 있다. 올림픽 이전부터 시작되어 개최기간 내내 올림픽의 성공을 기원하고 메달을 응원한다는 광고, 홍보, 마케팅이 집중적으로 펼쳐지고 올림픽과 연계한 유통업계의 대대적인 이벤트와 할인행사도 예상된다. 대형 TV를 설치한 음식점에는 단체손

님이 늘고 가정을 상대로는 야식배달이 늘어날 것이다. 여행업계는 영국 알기 여행프로그램이나 올림픽 관람과 여행을 묶은 패키지 프로그램이 선보이고 항공업계에서는 런던 노선이 더욱 관심을 끌 것이다.

올림픽 기간 동안 신문, 방송, 포털사이트와 SNS에서는 올림픽이 이슈로 채워지고 올림픽 소식을 알기 위해 주요 포털과 미디어의 방문자가 폭주할 것이다. 이는 결국 돈(광고수입)으로 연결된다. 광고가 늘어나면 지상파, 종편은 물론이고 보도채널과 신문, 포털의 수익이 증대된다.

반면 사람들이 TV와 온·오프라인 미디어에 몰리면서 게임, 영화계는 울상을 지을 수도 있다. 생생한 스포츠만큼 극적인 효과를 주기 어렵기 때문이다.

런던올림픽의 효과는 주요 기업들의 3, 4분기 실적에도 긍정적으로 반영될 것이고 기업들의 실적이 호전되면 회사의 가치도 상승하게 된다.

글로벌 재정위기로 모두의 어깨가 축 처진 상황에서 런던올림픽이 우리나라는 물론 전 세계의 내수와 수출경기를 살리고 다시 해보자는 의지를 다지는 계기가 될 수 있을지 기대가 크다.

에너지
소비효율등급
시행으로 인한
TV 시장의 변화

텔레비전(이하 TV)은 바보상자로 불리지만 필자 개인적으로는 유용한 도구라고 말하고 싶다. 디지털 TV로 바꾼 덕에 스포츠, 영화, 다큐멘터리 등을 전보다 더 선명하게 보는데 그럴 때면 'TV를 정말 잘 샀구나' 하는 생각이 든다. 인터넷도 되고 쌍방향 커뮤니케이션이 되는 고가의 스마트 TV나 LED TV는 아니지만 LCD TV라도 충분히 만족하면서 보고 있다.

현재 TV는 LCD와 PDP, LED 등 3개 모니터방식이 대세인데 각각 장단점이 있다. LCD는 Liquid Crystal Display, 즉 액정표시장치 또는 액정디스플레이의 준말로 얇은 유리기판 두 장 사이에 액정이라는 물질을 채운 후 전기를 통과시켜 빛이 나도록 하는 장치다. LCD는 소비전력이 적고 PDP보다 화질이 좋다. 단점은 그

구조상 스스로 빛을 내지 못해 반드시 화면을 내보내고자 하는 반대편에 빛을 내주는 발광체나 외부의 빛을 반사하는 반사체가 있어야 한다. 이 발광체는 교체비용이 든다.

LED는 Light Emitting Diode, 즉 발광다이오드로 반도체에 전기를 통하면 빛이 나는 성질을 이용한 표시장치다. LCD와 달리 별도의 물질 없이 스스로 빛을 내는 발광체다. 전기에너지를 빛에너지로 직접 변환하기 때문에 전기효율이 좋은 편이다. LCD보다 소비전력이 적고 화질도 우수한 대신 LCD에 비해 몇 배 비싸다.

PDP는 Plasma Display Panel, 즉 플라즈마표시장치이다. '플라즈마'는 양전하(이온), 음전하(전자)가 거의 같은 양으로 혼재해 자유입자에 가까운 행동을 하면서 전기적으로 중성을 유지하고 있는 상태를 말한다. 한마디로 이온과 전자의 혼합물질이다. 가격이 저렴한 대신 소비전력이 많고 패널에 수명이 있어 수명을 다한 패널은 전체를 교체해야 한다.

초창기 TV 시장에서는 저렴한 가격을 무기로 PDP가 압도적인 우위에 섰으나 LCD와 LED가 가세하고 대중화로 가격이 떨어지면서 PDP가 크게 밀리는 상황이다.

가정에서 TV는 냉장고와 함께 전기 먹는 하마로 통한다. 가정 내 전력소비의 17퍼센트를 TV가 독차지한다. 그런데도 TV는 냉장고처럼 에너지소비효율등급 표시가 없었다. 그동안 국제적으로 공인된 효율측정방법이 없었는데 2010년에 국제전기기술위원회에서 공인된 측정방식이 결정됐다.

미국은 2011년 5월부터 에너지가이드 라벨을 적용했다. 에너지가이드 라벨은 소비자들에게 각 제품별 전력소비량이 얼마나 되는가를 비교해 절전 TV 제품 구매를 유도하기 위한 것이다. 유럽연합은 2012년 11월부터 에너지소비효율등급제를 적용키로 했다.

국내는 2012년 7월부터 에너지소비효율등급제 및 최저소비효율기준 적용대상에 포함된다. 에너지소비효율등급제란 제조업자나 수입업자가 에너지효율 또는 에너지사용량에 따라 1등급부터 5등급까지 구분해 의무적으로 표시하고 효율등급을 신고하는 것을 말한다. 1등급이 가장 효율이 좋은데 5등급도 맞추지 못하는 제품은 판매 자체가 금지된다.

최저소비효율기준은 에너지 효율기준에 미달되는 저효율 제품의 생산·판매를 금지하는 의무적 에너지 효율기준으로, 위반하면 2,000만 원 이하 벌금을 부과하도록 했다.

현재 기준으로 하면 PDP TV가 시장에서 더욱 밀려날 것이라고 한다. 정부가 배포한 예상등급분포도를 보면 LED의 경우 1등급(29퍼센트), 2등급(65퍼센트)이 대부분이고 3등급이 6퍼센트, 4등급과 5등급은 없는 것으로 나타났다. LCD는 1등급 7퍼센트, 2등급 15퍼센트, 3등급 49퍼센트, 4등급 24퍼센트, 5등급 4퍼센트 정도로 예상됐다. 반면 PDP의 경우 1, 2등급은 없고 100퍼센트가 3등급에 놓일 것으로 예상됐다. 기존의 브라운관조차 1, 2등급이 각각 9퍼센트, 19퍼센트로 고효율 제품이 없다. 소비자 입장에서는 1, 2등급 제품을 사고 싶지 3, 4, 5등급 제품의 구매는 꺼릴 수밖에 없다.

물론 2012년 7월이 되어도 LCD TV와 PDP TV 일부가 매장에서 사라지지는 않는다. 우리뿐 아니라 해외에서도 동일한 제도가 시행되다 보니 가전업체들이 기술개발을 하고 에너지효율을 끌어올릴 수 있는 시간은 충분하다.

최근에 출시되는 PDP TV도 LCD TV와 소비전력이 비슷한 추세이고 TV 판매에 LED TV 비중도 크게 늘고 있어 TV시장의 흐름에서 보면 에너지효율등급제도 시행으로 피해를 입을 가능성은 적다는 분석이다. 다만 소비자로서는 TV 옆에 붙은 등급표시를 확인할 수 있어 선택의 폭이 넓어지게 된다.

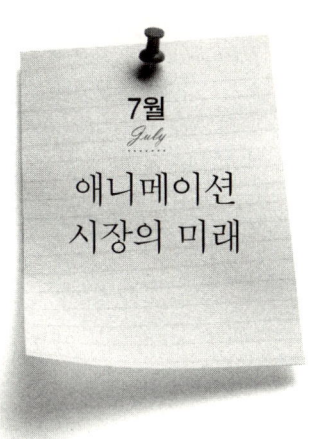

이명박, 오바마, 사르코지, 푸틴 등 전 세계에 내로라하는 지도
자들을 주눅 들게 하는 진정한 대통령이 있다. 바로 동그란 안경
과 비행기 조종사용 모자를 쓰고 뒤뚱거리며 걷는 모양이 앙증맞
은 아기 펭귄 뽀로로다. 아이들에게 대통령에 버금가는 영향력을
끼친다고 해서 뽀통령(뽀로로와 대통령 합성어), 신적인 존재라 하
여 뽀느님(뽀로로와 하느님 합성어)으로 불리는 뽀로로는 애니메이
션뿐만 아니라 캐릭터, 문화, 콘텐츠 등으로 엄청난 바람을 일으
키고 있다.

뽀로로는 〈뽀롱뽀롱 뽀로로〉라는 애니메이션에 등장하는 주인
공이다. 호기심이 많은 꼬마 펭귄인데 아이들처럼 즉흥적으로 행
동하며 장난치기를 좋아한다. 아기 공룡 크롱은 해야 할 행동과

하지 말아야 할 행동을 구별하지 못하는, 뽀로로의 동생 같은 캐릭터다. 요리를 잘하고 가끔씩 할 말은 똑 부러지게 하는 비버 소녀 루피, 영리해 무엇이든 뚝딱 발명하지만 장난꾸러기에 꾀쟁이인 꼬마 여우 에디, 가장 힘이 세고 착해 아이들 사이에서 조정자 역할을 하는 북극곰 포비, 2기부터 등장하는 펭귄소녀 패티는 씩씩하고 스포츠 만능이다.

〈뽀롱뽀롱 뽀로로〉는 아이코닉스, 오콘, EBS, SK브로드밴드 등 4개 회사가 공동 출자해서 제작했다. 〈뽀롱뽀롱 뽀로로〉는 2003년 11월 EBS에서 처음으로 방송되면서 큰 화제를 모았다. 지금까지 3기까지 방영했으며 4기가 제작 중인데 4기부터는 방영과 함께 전자책, 게임, 앱 등을 출시할 예정이다.

〈뽀롱뽀롱 뽀로로〉는 세계 120여 개국에 수출됐다. 2004년에는 프랑스 최대 지상파 채널인 TFI에서 방영돼 평균 시청률 57퍼센트를 기록했으며 2007년에는 '아랍권의 CNN'으로 불리는 알자지라 방송에까지 방영되었다. 특히 〈뽀롱뽀롱 뽀로로〉는 프랑스, 이탈리아, 덴마크, 스페인 등 유럽에서 반응이 좋다고 한다. 명랑 애니메이션을 선호하는 유럽인 취향에 뽀로로 캐릭터가 잘 들어맞은 것이다.

뽀로로의 경제적 가치는 5조 7,000억 원, 브랜드 가치는 8,000억 원, 일자리 창출효과는 4만 3,000여 명에 이른다고 한다. 뽀로로의 1년 저작권료만 계산해도 120억 원이 넘는다. 현재 국내 130여 개 회사에서 인형뿐 아니라 문구, 의류, 신발 등에 이르기까지 뽀로로가 들어간 캐릭터 상품을 1,500종 이상 제작하고 있다.

뽀로로의 인기는 우표에까지 이어졌다. 우정사업본부가 2011년 2월부터 400만 장 한정수량으로 판매한 뽀로로 우표는 출시 9일 만에 전체 발행량의 80퍼센트가 넘는 320만 장 이상 팔렸고 판매 40일 만에 매진됐다. 뽀로로 우표를 사기 위해 어린 자녀를 둔 부모들이 우체국에 줄을 서는 진풍경이 펼쳐지기도 했다. 2010년 밴쿠버 동계올림픽에서 금메달을 획득한 김연아 선수와 빙상영웅 10명을 담은 밴쿠버 동계올림픽 빙상 세계제패 기념우표가 출시 9일 동안 전체 550만 장 중 192만 장이 팔린 것을 감안하면 뽀로로의 인기는 실로 굉장하다고 말할 수밖에 없다.

뽀로로는 그저 우연히 성공한 것이 아니다. 뽀로로의 기획자 및 제작자들은 당시 국내에서 방영된 유아 프로그램 〈꼬꼬마 텔레토비〉의 무서운 인기를 실감하고 유아용 애니메이션을 주목했다고 한다. 그리고 세계 최강의 경쟁력을 자랑하는 일본 애니메이션이 잘 다루지 않는 분야인 유아용 시장을 뚫어야겠다고 판단한 다음 캐릭터부터 시나리오까지 철저히 유아를 타깃으로 애니메이션을 만들기 시작했다. 미취학 아동이 7분 이상 집중하기 어려워한다는 점을 간파해 애니메이션 시간을 5분으로 제작했고, 아동들이 친근하게 느끼는 2등신으로 캐릭터를 디자인했다. 스토리도 권선징악 대신 아이들이 서로 어울려 놀면서 갈등을 스스로 해결해나가는 과정을 담았다.

2012년에는 뽀로로의 경제적 가치는 더 커진다. 여름에는 아이들을 겨냥해 뽀로로와 친구들이 어려운 역경 속에서 슈퍼썰매대회에 출전해 고군분투한다는 내용의 극장용 장편 애니메이션 〈뽀로로의 슈퍼썰매 대모험〉이 한국과 중국에서 동시 개봉된다.

그동안 국내 애니메이션 시장, 특히 극장 관련 애니메이션 시장은 일본과 미국이 거의 차지하고 있었다고 해도 과언이 아니다. 국내에서 〈센과 치히로의 행방불명〉은 200만 명, 〈쿵푸 팬더 2〉는 국내 개봉 애니메이션 사상 최초로 500만 명을 돌파했다.

일본과 미국의 애니메이션에 길들여진 국내 시장에서 토종 애니메이션은 그동안 설 자리가 없었다. 〈마리이야기〉, 〈오세암〉, 〈원더풀 데이즈〉는 작품성을 인정받았지만 관객들에게 철저히 외면당했다. 2006년 큰 기대를 모았던 〈아치와 씨팍〉도 10만 명밖에 보지 않았다. 2011년 여름 전까지만 해도 역대 최고 성적은 2007년 김청기 감독의 〈로보트 태권V〉로 70만 명이었다. 다행스럽게도 2011년 여름에 개봉한 〈마당을 나온 암탉〉이 200만 명을 돌파하며 국산 애니메이션의 상품가치를 확실하게 보여줬다.

〈마당을 나온 암탉〉은 지난해 10월 스페인 시체스 국제 판타스틱 영화제에서 최우수가족영화상을 수상한 데 이어 11월 호주 퀸즐랜드 골드코스트 컨벤션센터에서 열린 '제5회 아시아태평양영화상' 시상식에서 최우수 애니메이션수상작으로 선정됐다.

뽀로로가 극장용 토종 애니메이션의 새로운 시장을 개척한다면 전 세계 애니메이션에도 한류바람이 확산될 것이다. 뽀로로의 대를 이을 작품들도 즐비하다. 고양이·강아지·토끼·부엉이·펭귄 등의 동물들이 캔 속에서 튀어나와 벌이는 소동을 그린 〈캐니멀〉, 동물과 자동차를 조화롭게 캐릭터화한 〈부릉! 부릉! 브루미즈〉, 어린이용 트랜스포머 〈로보카 폴리〉 등도 뽀로로 다음을 준비하고 있다.

하지만 우리나라 애니메이션 시장은 여전히 낙후되어 있다. 제작 및 기획 단계부터 자금조달이 쉽지 않고 어렵게 작품을 내놔도 국내외에 전문적으로 홍보, 마케팅을 할 만한 노하우를 갖추지 못했다. 사람도 부족하고 전문인력에 대한 대우도 여전히 낮은 수준이다.

2008년 기준 국내 콘텐츠 산업의 세계시장 점유율은 2.2퍼센트다. 최대 애니메이션 시장인 북미의 애니메이션 시장 규모는 전체 영화시장의 40퍼센트, 일본은 20퍼센트인데 비해 우리는 겨우 0.3 퍼센트에 불과하다.

만화, 애니메이션이 기반이 된 캐릭터 산업은 프로젝트 1개를 진행할 때 고용효과가 최소 25명에서 최대 30명에 이르는 대표적인 일자리 창출 산업이다. 캐릭터 산업으로 창출되는 일자리는 캐릭터 개발단계에서는 청년들에게, 제품제작과 유통단계에서는 장년층에게까지 일자리를 제공하는 산업이라는 평가가 있다.

따라서 애니메이션 산업을 육성하고 글로벌 경쟁력을 갖추기 위해서는 정부가 앞장서서 다각도로 지원할 필요가 있다. 제작기간이 길어 투자가 꺼려지는 애니메이션의 특성을 고려해 작가와 디자이너 등이 마음 놓고 창작할 수 있는 여건을 조성해주고 작품이 시장에 소개될 수 있도록 공연, 전시 등 다양한 기회와 우수한 작품은 수출할 수 있도록 번역과 해외마케팅을 지원해야 한다. 콘텐츠 산업, 특히 애니메이션 산업은 잘 만든 작품 하나에서 파생되는 경제적 파급효과가 어마어마하기 때문이다.

제2, 제3의 뽀로로가 계속 등장해 국내 애니메이션이 세계로 뻗어 나아가 우리나라에도 디즈니 같은 회사가 생기길 기대해본다.

# 퇴직금 중간정산
# 제한에 따른 변화

최근 한 대기업이 금융권에서 화제가 된 적이 있었다. 이 회사가 퇴직금을 중간 정산한다는 소식이 알려지자 은행, 보험, 증권사, 저축은행들이 임직원 수백여 명의 목돈을 유치하려고 앞다퉈 인맥을 총동원한 것이다.

직장인에게 월급, 승진과 더불어 중요한 것이 바로 퇴직금이다. 퇴직금은 월급제든 연봉제든 1년 이상 근무한 근로자라면 누구나 받을 수 있다. 퇴직금은 대개 평균임금에 30과 근무일수를 곱하고 이를 365로 나누어 계산한다. 평균임금은 산정해야 할 사유가 발생한 날 이전 3개월 동안 그 근로자에게 지급된 임금의 총액을 그 기간의 전체 일수로 나눈 금액이다. 퇴직금은 퇴직할 때나 중간에 정산해서 받을 수 있다. 요즘은 기업들이 퇴직금에 부담을 느껴 중간정산을 유도하기도 한다.

근무연수가 오래될수록 퇴직금의 금액도 커진다. 퇴직금을 중간에 정산하지 않았다면 정년퇴직 후에는 말 그대로 노후자금이나 자녀결혼자금이 된다. 각종 조사에 따르면 우리나라 기업 10곳 중 7곳은 퇴직금 중간정산을 실시하고 있다.

대기업일수록, 노동조합이 존재할수록 퇴직금 중간정산 비율이 높았다. 노동자 수가 10~49명 이하의 소기업은 69.6퍼센트가, 300인 이상의 대기업은 81.8퍼센트가 퇴직금 중간정산을 실시했다. 노동조합이 있는 기업 기준으로는 84.4퍼센트가 중간정산을 하고 있는 것으로 조사됐다.

퇴직금의 사용처(복수응답)를 묻자 60퍼센트가 생활비 등에 지출할 것이라고 답했다. 그 다음으로 부채 해결이라는 응답은 56.7퍼센트, 자녀 교육비 지출 26.7퍼센트, 부동산 및 주식 투자 23.3퍼센트, 자녀의 결혼자금 및 주택자금 10퍼센트 등이었다. 노후자금을 위한 저축이나 투자라는 응답은 6.7퍼센트였다.

퇴직금은 당초 목적인 노후자금의 성격이 사라지고 생활비나 자녀학비, 주택담보대출 상환자금으로 쓰이지만 한편으로는 기업이 도산해버리면 받지 못하는 경우도 많아 중간정산을 반드시 나쁘다고만 할 수 없다.

그런데 퇴직금을 중간에 정산하면 퇴직 후에 손에 쥐는 퇴직금은 몇 푼 되지 않는다. 한 보험사가 보험가입자들을 대상으로 실시한 조사를 보면 1955년에서 1963년 사이에 출생한, 이른바 베이비부머들의 퇴직금 수령액이 고작 3,103만 원에 불과했다. 이처럼 퇴직금이 적은 이유는 중간정산을 받았기 때문이라고 한다.

보험가입자 전체의 60퍼센트는 중간정산 받은 것을 후회했고, 40대 가입자의 71퍼센트, 50대는 81퍼센트가 후회하고 있는 것으로 드러났다. 나이 들수록 중간정산을 더 많이 후회하는 것으로 나타났다.

퇴직금을 중산정산하고 은퇴 준비가 덜된 사람은 국민연금만으로 노후를 버텨야 한다. 문제는 국민연금도 해가 갈수록 수령액이 줄어든다는 것이다.

현재는 가입기간이 40년가량이면 월평균 소득의 절반 정도는 받지만 20년 뒤에는 30퍼센트대로 내려간다. 인구의 고령화로 국민연금 가입자가 늘고 국민연금으로 지출하는 부담이 커져 재정이 고갈될 것을 우려해 정부가 국민연금의 소득대체율(소득 대비 받게 되는 연금비율)을 계속 낮추기 때문이다.

2012년 7월부터는 퇴직금 중간정산이 제한된다. 퇴직금 중산정산이 빈번하고 대부분 생활비에 사용되다 보니 '퇴직 후의 생활자금'이라는 본래의 기능이 퇴색된 데 따른 조치다.

물론 중간정산이 완전히 금지되는 것은 아니다. 근로자가 주택구입이나 의료비 등 많은 현금이 필요하다고 인정되는 사유가 있으면 재직 중 적립된 퇴직금을 활용할 수 있도록 했다.

근로자 입장에서는 퇴직금 중간정산 허용여부를 정부가 결정하는 것에 반발도 있다. 퇴직금을 언제 어떻게 활용할 것인지는 개인의 선택에 맡겨야지 부작용이 있다고 정부가 나서서 획일적인 기준을 정해버리는 것이 과연 타당한가 하는 의문이다. 자칫하다가는 비싼 이자와 수수료를 내면서 금융권에 대출받는 방법만 찾게 된다는 우려도 있다.

무분별한 퇴직금 중간정산을 막고 퇴직 후를 대비하는 대안으로 떠오른 것이 '퇴직연금제도'다. 2005년부터 시행된 퇴직연금제도는 기업이 사내에 적립하던 퇴직금제도를 대체해서 금융기관에 매년 해당 퇴직금액을 적립해 근로자가 퇴직할 때 연금 또는 일시금으로 지급받아 노후설계를 하도록 한 것이 특징이다.

퇴직연금제도는 아직 활성화되지 않았다. 퇴직연금을 도입한 사업장은 전체 150만 7,158개 사업장 가운데 7.8퍼센트인 11만 7,327개에 불과하다. 규모별로는 10인 미만 사업장 5.1퍼센트, 10인에서 29인 사이 사업장이 19.6퍼센트 등 근로자 수가 적은 사업장일수록 퇴직연금 도입률이 떨어졌다.

퇴직연금 적립액은 2010년 말 29조 원에서 2011년에 40조를 넘어섰다. 2015년에 100조 원, 2020년에 200조 원으로 성장할 것으로 예상하고 있다.

퇴직연금은 믿을 만한 금융기관을 선정해 퇴직금을 맡겨놓기 때문에 사업장이 도산해도 떼일 염려가 없다. 퇴직금제도처럼 일시금으로, 조건이 충족되면 연금으로 수령할 수 있다. 퇴직연금 적립금의 운용을 사용자(사업주)가 할 수도 있고 근로자가 개별적으로 할 수도 있다. 근로자가 직장을 옮겨도 전 회사에서 받은 퇴직급여를 인출하지 않고 계속 적립해 운용할 수 있다. 다만 퇴직연금은 중도인출(중간정산) 요건을 엄격하게 제한해서 노후재원인 퇴직급여가 생활자금으로 소진되지 않도록 했다.

퇴직연금 시장이 매년 고속 성장하는 데 따른 부작용도 있다. 은행과 보험, 증권사들이 앞다퉈 경쟁에 나서면서 부당 영업행위를 하거나 역마진을 감수하면서까지 지나치게 높은 금리를 제공하는 사례가 그것이다.

퇴직금 중산정산이 제한되면 지금보다 퇴직연금 시장이 더 발달할 뿐만 아니라 은퇴한 근로자들의 중요한 소득원이 될 것이다. 이를 위해서는 퇴직금을 연금으로 수령하는 분위기를 조성하고 퇴직연금을 수령할 때 소득공제의 한도를 확대할 필요가 있다.

퇴직연금이 정말 실속 있고 합리적인 노후준비수단이 되려면 정부와 금융기관은 물론 노후자금을 관리하는 주체인 가입자들 모두가 장기투자에 관심을 갖고 적극적으로 대응해야 한다. 이런 노력들이 이뤄져야만 퇴직연금이 근로자의 안전한 노후 소득보장의 수단으로서 금융권의 새로운 수익창출로서 정부의 간접적인 공적연금으로서 제대로 기능할 수 있을 것이다.

# 현실과 다른 최저생계비, 뜨거운 화두가 되다

올해에도 우리 사회는 88만원 세대, (상위) 1퍼센트와 (하위) 99퍼센트 등으로 대변되는 양극화 논란이 계속되고 대기업과 중소기업, 가진 자와 못 가진 자, 고소득자와 저소득자, 정규직과 비정규직의 이분법적 논란도 더욱 거세질 것이다. 특히 오는 8월에 정부가 다음 해인 2013년도 최저생계비를 공표하면 양극화와 복지를 둘러싼 논란은 정점에 이를 것이다.

정부가 펼치는 복지정책의 잣대 가운데 하나가 최저생계비를 정하는 일이다. 최저생계비는 국민이 건강하고 문화적인 생활을 유지하는 데 소요되는 최소한의 비용으로서 기초생활수급자 등 각종 복지대상자를 선정하는 일의 기준으로 활용된다.

보건복지부장관은 통상 매년 8월 중에 최저생계비를 발표하고 9

월 1일까지 중앙생활보장위원회의 심의·의결을 거쳐 다음 연도의 최저생계비를 공표한다. 소득인정액이 최저생계비 이하이면서 부양의무자가 없거나 부양의무자가 있어도 부양능력이 없거나 부양을 받을 수 없는 자이면 국민기초생활보장법에 따라 기초생활수급자로 분류되고 정부는 이들에게 최저생계비에서 모자라는 만큼을 지원한다. 여기서 소득인정액이란 소득평가액과 재산의 소득환산액을 합한 금액이다.

최저생계비를 기준으로 소득이 120~150퍼센트 이하이면 차상위계층으로 분류해 다양한 복지혜택을 제공받는다. 정부가 사회복지통합관리망으로 관리하는 108개 복지사업 가운데 76개 사업이 최저생계비를 기준으로 삼고 있다. 2011년 12월 기준으로 복지혜택을 받고 있는 기초생활수급자는 154만 9,000명에 87만 8,000가구이고 차상위계층은 63만여 명이다.

2011년 8월에 발표되고 9월에 공표되어 2012년 1월 1일부터 적용되는 최저생계비는 1인 가구 월 55만 3,000원, 4인 가구 149만 5,000원이다. 현금급여 기준(의료·교육 급여 등 기초생활수급자들에게 현물이나 서비스로 제공하는 각종 복지혜택을 제외하고 현금으로 받을 수 있는 최고 액수)도 3.9퍼센트 올라 4인 가족의 경우 122만 4,457원으로 결정됐다.

하지만 매년 최저생계비 발표시점을 전후해서 정부는 최저생계비가 서민들의 현실에 비해 한참 모자란다는 지적을 받는다.

최저생계비는 2001년 이후 주로 정부가 정한 물가상승률을 바탕으로 인상 폭이 결정됐다. 정부는 3년에 한 번씩 소득 하위 40퍼센트인 2만 가구를 대상으로 생활실태조사를 벌여 주거비·식료품비·광열수도비·교통통신비·교양오락비 등 11개 분야에서 필수품목 372개를 뽑고 최소한의 합리적 소비를 할 때 각 품목당 얼마가 필요한지를 따져 최저생계비를 정한다.

최저생계비는 2000년부터 2011년까지 열두 차례 인상했는데 3퍼센트 안팎으로 오른 횟수가 7번으로 가장 많았다. 또 2005년에 가장 높은 7.7퍼센트로 인상되었고 2010년에는 2.75퍼센트로 가장 낮게 인상되었다. 2011년에는 5.6퍼센트가 올랐다.

2005년에는 최저생계비를 결정하는 요인에 컴퓨터·인터넷·문화시설 관람료 등이 필수품목으로 도입되면서 인상 폭이 가장 컸다. 2010년에는 휴대전화요금과 명절 친지 방문비가 포함됐다. 2012년 최저생계비도 2011년 물가를 반영해 결정됐다.

2011년의 경우 평균 소비자물가 상승률은 4퍼센트대였지만 농수산물, 가공식품 등의 체감물가 상승률은 10~20퍼센트가 넘는다. 시민단체들이 건장한 젊은이들에게 한 달만 최저생계비로 살아보라고 했더니 문화적인 생활은 고사하고 건강조차 위협받았다고 한다. 급격한 체중감소를 겪어야 했고 열악한 주거환경 탓에 각종 피부질환으로 고생했다. 그래서 최저생계비가 아니라 최저생존비용이라는 표현도 나왔다.

더구나 현행법상 기초생활수급자는 1촌의 직계혈족과 그 배우자를 부양의무자로 규정하고 있다. 연을 끊고 지내는 아들이 지방에서 돈을 벌게 되면 노부모는 기초생활수급권자가 되지 못한다. 최저생계비보다 1만 원만 더 벌어도, 헤어진 가족이 있어도 수급자에서 탈락한다. 이런 이유로 수급자에서 배제된 빈곤층은 400만 명이 넘는 것으로 추산된다. 가난할수록 가족관계는 단절되거나 위태로울 가능성이 커진다는 점이 간과됐다는 지적이다.

정부가 예상한 2012년 연간 물가상승률은 2011년 대비 3.2퍼센트다. 2011년에 물가가 4퍼센트가량 올랐으니 2013년 최저생계비가 2011년(2012년 적용)보다 낮을 수 있다는 예상이 가능하다.

경제여건도 어둡고 경제를 이끌어온 수출과 무역수지 흑자도 2011년에 비해 위축될 가능성이 크고 채용시장은 더 좋지 않다. 최저생계비에 대한 입장 차이가 사회적으로 어떤 파장을 불러일으킬지 주목해야겠다.

대大정전
1주년이 남긴
전기요금에 대한
논의

우리나라는 1961년에 한국전력이 생기고 19년 동안 되풀이되었던 제한송전을 1964년부터 해제했지만 이후에도 전력공급보다 수요가 많을 경우에는 제한송전을 몇 차례 했다. 하지만 2011년 9월 전국에서 동시다발적으로 발생한 정전은 사상 초유의 사태였다. 이전만 해도 정부는 우리나라가 낮은 정전율과 세계 최고의 전기 품질이라고 자랑해왔다.

우리나라의 1호당 연간 정전시간은 1981년 891분(14시간 51분)에서 1988년 331분(5시간 31분)으로 절반 이하로 떨어졌고 1994년에는 116분, 2000년대 들어서는 30분 이내, 2009년에는 16분이었다. 1호당 정전시간이 16분이라는 것은 1년 365일 52만 5,600분 동안 전기사용자가 단 16분(1년의 0.003퍼센트)만 정전을 경험한다는 의

미이다. 이처럼 낮은 정전율은 프랑스 57분, 영국 68분, 미국 138분에 비해 월등한 수준이다.

그런데 2011년 9월 15일 하루에만 30분에서 1시간 동안 전국 곳곳에서 정전을 경험했고 주택과 아파트, 공장, 은행, 백화점, 병원은 물론 신호등과 엘리베이터 고장 등의 유·무형적 피해도 컸다.

9월 15일 정전은 우리 모두가 공기처럼 너무도 당연하게 써왔던 전기에 새로운 화두를 던져준 사건이었다. 그날 정전은 전력의 공급보다 수요가 초과하면서 과부하에 걸리면 두꺼비집(퓨즈)이 내려가는 것과 같은 대규모 정전(블랙아웃)을 막고자 지역별로 10분에서 30분가량 순환 단전조치를 하여 발생했던 것이다.

당시 전력수요가 초과한 이유는 초가을 날씨여야 할 9월에도 기온이 갑자기 상승해 가정, 업소, 공장 등에서 에어컨 등을 많이 사용하는 바람에 냉방용 전력이 예년에 비해 폭주했기 때문이다.

이상고온현상은 9월 15일 이전에도 계속됐기 때문에 전력수요가 늘어날 것을 예측할 수 있었다. 그런데 전력을 공급하는 한국전력과 발전사들은 다가오는 겨울철에 맞는 전력공급을 하기 위해 발전소 정비에 들어가 발전량을 줄였고, 실시간으로 전력 수급을 예측하고 수급을 관리해야 하는 전력거래소는 수요를 예측하지 못했다. 당일 전력사용량이 크게 증가하고 있는데도 수요를 줄이지 않고 그대로 놔두고 있다가 순환단전 지시를 내린 것이다.

원래 순환단전 지시가 내려오면 전력사용량이 많은 대기업이나 중소기업의 공장 같은 곳들은 공장 가동을 멈추거나 전력사용량

을 줄이든가 해야 한다. 그런데 대부분이 지키지 않다 보니 전력
사용량이 줄지 않은 것이다. 공공기관이나 기업, 상가, 국민들에
게 방송이나 휴대전화 문자를 보내 전력사용량을 줄여달라는 예
고라도 해야 하는데 그런 조치도 없었다. 순환단전 조치가 내려졌
을 때 전국에서 벌어질 혼란을 예상하지도 못하고 대규모 정전을
막기 위해 무조건 단전한 것이다.

정전 당일 아침에라도 정부와 한국전력, 전력거래소가 발 빠르
게 대응하고 조치를 취했다면 전국 단위의 정전은 발생하지 않았
다. 정부도 전력기관도 모두 위기 대응 매뉴얼을 갖고 있었지만
절대 일어나지 않을 줄 알았던 일이 터졌으니 우왕좌왕했고 국민
들의 불편과 혼란만 더 커졌다. 게다가 정전이 됐더라도 기업, 학
교, 병원, 대형건물, 대형양식장, 상가에서는 무정전 전원공급장
치나 자가 발전기가 가동돼 순간적인 정전에 대처할 수 있어야 했
다. 화재발생에 대비해 소화기를 비치하는 것처럼 그러한 설비들
을 당연히 설치해야 하는데 돈이 들고 번거롭다며 하지 않은 곳이
많았다.

전기소비에 대한 사람들의 인식에도 문제가 있다. 대규모 정전
이 발생했던 9월 15일 다음 날에는 스스로 절전을 하기는커녕 계
속된 이상고온 때문에 전기사용량이 오히려 더 늘어났다. 당시 거
리에는 손님을 유치하려 문을 열어놓은 채 냉방을 하는 가게들이
태반이었고 은행, 호텔, 백화점 등도 마찬가지였다.

우리는 물가가 오르면 소비를 줄이고 물가가 싸면 소비를 늘린

다. 그런데 이상하게 전기만은 그렇게 하지 않는다. 왜 그럴까? 우리나라의 전기소비 수준은 세계 최고인 반면 전기요금 수준은 세계 최저 수준이기 때문이다.

전기가 질이 좋고 가격은 싸다 보니 그동안 전기 과소비가 이어졌다. 1982년과 비교하면 전체 물가가 240퍼센트 오를 때 전기요금은 18.5퍼센트 올랐다. 전기요금은 공공요금 가운데서 전세, 통신요금, 휘발유, 월세를 제외하면 물가에 미치는 영향이 가장 크다. 전기요금이 5퍼센트 정도 오르면 전체 소비자물가가 0.1퍼센트 포인트 상승되는 결과를 만든다.

전기요금을 올리면 소비가 줄어들 테지만 정부는 물가가 오른다며 매년 한 차례 정도만 소폭 인상해왔고 그럴 때마다 국민들, 시민환경단체들은 서민생활이 어려워진다며 반대만 해왔다. 정부가 값싼 전기요금을 유지해 전기 과소비를 유도한 책임도 있다.

대형 유통업체, 호텔, 증권사, 백화점, 유흥업소 등은 손님을 맞는다며 네온사인, 옥외조명, 냉·난방을 펑펑 틀었다. 농가 비닐하우스, 양어장 등에서는 기름이나 연탄으로 난방을 했다가 요금이 더 저렴한 전기보일러로 바꿨다. 우리나라의 전기요금이 싸다는 사실이 해외에도 알려져 일본의 몇몇 기업은 순전히 그 이유 때문에 국내에 공장을 설립했다.

1차 에너지인 석탄, 경유, 가스를 태워 만든 전기를 다시 난방에 쓸 경우 1차 에너지 대비 효율이 30~40퍼센트에 불과하다. 개별 사용자 입장에서는 냉·난방비를 아낄 수 있을지 모르지만 국가 전체로 보면 에너지 소비가 왜곡된 형태로 늘어나게 된다. 쉽게 표현하자면 수입 생수로 빨래를 하는 것과 같은 셈이다.

정전의 재발도 막고 국민들을 합리적인 전기소비를 이끌기 위해서는 2012년부터 전기요금체계 개편작업을 본격화할 필요가 있다. 중장기적으로 원가에 미치지 못하는 전기요금을 원가 수준으로 반영해야 한다.

2011년 기준 전기요금의 원가보상률은 90.3퍼센트다. 100원에 전기를 만들어 90.3원에 판매한다는 것이다. 팔면 팔수록 손해가 나는 장사다. 전기를 판매하는 한국전력은 2008년부터 2010년까지 3년간 누적 영업적자가 6조 1,000여 원에 이르는데 이 중 원가 이하의 전기요금으로 인해 입은 적자가 2조 8,000억 원대라고 주장하고 있다.

가스요금도 간혹 물가를 감안해 동결하지만 한국가스공사는 이를 미수금으로 처리한다. 미수금은 아직 거둬들이지 못한 돈으로, 나중에 받을 수 있도록 조치를 취하겠다는 의미다. 향후 가스요금 인상이 결정되면 인상분에 미수금을 점차 반영시킨다. 반면 한국전력은 이를 모두 손실로 처리한다. 이렇게 되면 한국전력이나 가스공사 모두 요금미결로 손실을 입지만 한국전력은 영업손실이 되고 가스공사는 미수금이 쌓이게 된다. 한국전력은 수익을 내지 못하니 주주에게 배당을 하지 못하지만 미수금으로 처리한 가스공사는 이익을 낼 수 있어 주주에게 배당을 하고 있다.

전기요금의 형평성 문제부터 고쳐야 한다. 현재 전기요금은 주택용, 일반용(빌딩, 업소 등), 산업용, 농사용, 교육용, 가로등용, 심야용 등 7단계로 구분돼 있다. 여기에서도 전압에 따라 갑을, 갑을병으로 나눠진다. 원가에 얼마나 근접했는가를 보여주는 원가보상률을 보면 평균 대비 일반용과 산업용이 높고 주택용과 교육용 등이 낮다. 특히 농사용은 원가의 34.1퍼센트만 반영돼 있다.

주택용이 원가보상률로는 평균 이하지만 주택용 요금은 누진제가 적용돼서 전력사용량이 많을수록 비싸고 산업용은 사용량이 많을수록 싸게 공급된다. 판매단가를 보면 산업용 전기료는 1킬로와트시에 84원으로, 121원이 넘는 주택용의 3분의 2에 불과하다. 이 때문에 산업용 요금을 대폭 올려도 된다는 주장과 값싼 전기요금으로 대기업들이 막대한 특혜를 누린다는 의견이 있다. 하지만 산업계에서는 전기요금을 올릴 경우 생산단가에 영향을 미쳐 물가가 오르고 기업경영에 타격을 줘 제조업으로 먹고사는 국가경제가 흔들릴 것이라며 반박하고 있다.

다른 요금에 비해 산업용 요금이 많이 오른 건 사실이다. 2000년 이후 전기요금이 11차례 오르는 동안 산업용 전기요금은 51.2퍼센트 인상됐다. 같은 기간 주택용은 4.1퍼센트, 일반용은 6.6퍼센트 올랐다. 한국신용평가정보에 따르면 생산원가에서 전기요금이 차지하는 비중은 대기업이 1.15퍼센트, 중소기업이 1.26퍼센트다.

정부와 전력기관들은 생산원가에서 전기요금이 차지하는 비중이 낮다는 입장이지만 기업들은 국제 경쟁이 치열한 상황에서 1퍼센트로 계약이 성사되거나 실패하므로 결코 낮은 수준이 아니라고 한다.

산업계에서는 선진국들이 산업용 전기를 필수생산요소로 여겨 주택용보다 낮은 요금을 책정하고 있는데 반해 우리나라는 상대적으로 비싸다고 지적한다. 주택용 전기요금에 대한 산업용 전기요금의 비율이 일본은 69퍼센트, 프랑스 67퍼센트, 영국 66퍼센트, 미국은 59퍼센트 수준이지만 우리나라는 75퍼센트라고 한다. 즉, 선진국과 비교하면 산업용 요금이 주택용에 비해 결코 싸지 않다는 것이다.

물론 이에 대한 반론도 있다. 미국이나 선진국은 주택이 많고 우리는 대부분이 아파트다. 미국이나 선진국은 개별주택에 전기 공급비용이 높다 보니 주택용과 산업용의 괴리가 적은 것이고 우리는 아파트마다 공장처럼 전기를 끌어 쓰는 수전설비를 갖춰 공급비용이 싸다는 점을 감안해야 한다는 말이다. 한 의원의 주장인데 일리가 있는 말이다.

전기요금뿐만 아니라 가스, 상하수도, 대중교통 등 공공요금은 공공적인 성격이 강해 쉽게 내릴 수는 있어도 올리긴 어렵다. 하지만 시장경제에서 국가가 세금도 아닌 요금을 무한정 묶어둘 수는 없다.

정부가 급격한 인상, 인하를 막되 일정한 선에서 시장의 기능에 맡기는 방안이 제일 좋다. 그래서 정부는 전기요금을 연료비(유가, 유연탄가격 등 발전연료)의 변동에 따라 자동적으로 반영하는 연료비 연동제를 지난 2011년에 도입했다. 그런데 유가가 크게 오르는 바람에 연료비 연동제로 인해 전기요금이 크게 오를 것으로 우려해 실시하지 않았다.

2012년부터 연료비 연동제가 시행되면 현재 요금구조인 '기본요금＋전력량 요금'에 연료비 조정요금이 추가돼 자동 결정된다. 주택용 요금은 현재의 요금구조에 추가로 계절과 시간대에 따라 요금을 차등 적용하는 요금제를 도입할 예정이다. 이렇게 되면 전기 사용량이 많아지는 여름과 겨울, 한낮 같은 특정 시간대에 전기요금을 상대적으로 높게 매기게 된다. 2011년에 주택용에 시범 도입했고 2012년부터는 적용되는 주택 범위가 단계적으로 확대된다.

2012년부터는 산업용·일반용 전기요금이 책정되는 기업을 대상으로 선택형 피크요금제가 실시된다. 희망 업체에 한해 최대 전력수요가 발생하는 날짜와 시간대에 높은 요금을 부과하고 전력 부하가 낮을 때는 상대적으로 저렴하게 요금을 책정하는 제도다.

중장기적으로는 현재의 주택용, 산업용, 교육용 등 용도별 요금 체계를 아예 전압별 요금체계로 바꾸는 방안이 있다. 주택용은 현재의 요금구조를 그대로 갖는 대신 산업용과 일반용, 교육용을 저압, 고압 A·B·C 등으로 개편하는 것이다. 전압별 요금이 도입되면 대기업에 전기요금을 깎아줘 특혜를 준다는 지적도 사라질 수 있다. 앞으로 전기요금과 관련해서 정부, 기업, 시장의 논의가 활발할 것으로 예상된다.

# 2012

## 4분기

# Business Plan

**12월** *December* 상품거래소의 등장

스마트폰 2,000만 대 시대의 신新경제

디지털 방송 시대가 몰고 올 미디어산업의 변화

10월
October
.............

제18차
전국대표대회 후
중국의 변화와
우리나라의 과제

　세계 2위 경제대국, 2조 달러에 이르는 외환보유고, 미국 국채를 가장 많이 보유한 나라, 세계의 공장에서 세계의 소비자로의 탈바꿈하는 소비대국, 세계에서 세 번째로 우주도킹에 성공한 나라….

　중국의 오늘과 내일을 나타내는 말이다. 이제 13억 인구 중국의 지도자 말 한마디와 움직임 하나하나에 세계가 주목하는 시대가 됐다. 중국의 차기 지도자는 오는 10월, 중국 공산당이 여는 제18차 전국대표대회에서 선출된다.

　중국은 집단지도체제로 지도자와 지도부를 선발하고 중국 공산당 전국대표대회는 그 핵심을 담당한다. 중국 공산당 전국대표대회는 실질적으로 중국 권력 대부분을 장악하고 있는 공산당의 전당대회로 5년마다 개최된다. 중국 공산당 중앙위원회는 전국대표대회 폐회기간에 당의 모든 업무를 수행하는 대외적인 공산당 대표기관이지만 중앙정치국 상무위원회가 주요 사안에 실질적인 결정권한을 갖는다.

2007년에 치러진 제17차 전국대표대회에서는 2,217명의 대의원단이 중앙위원회 위원 204명과 후보위원 167명을 선출하고, 그다음 절차로 중앙위원회에서 후진타오, 우방궈, 원자바오, 시진핑, 리커창 등 9명을 중앙정치국 상무위원으로 선출했다. 과거에도 전국대표대회로 마오쩌둥, 덩샤오핑, 장쩌민, 후진타오 주석의 순서로 이어지는 4세대 지도자와 지도부가 중국을 이끌어왔다. 2003년에 출범한 4세대 지도부는 후진타오 총서기 겸 국가주석·중앙군사위원회 주석을 필두로 9명의 권력균점체제로 운영되고 있다.

2012년 제18차 전국대표대회에서는 5세대 지도자와 지도부가 들어선다. 5세대 지도부의 핵심은 당·정·군 원로들의 자녀 그룹을 일컫는 태자당(太子黨)이다. 현재 가장 유력한 5세대 지도자는 시진핑 국가부주석이며 2인자로는 리커창 상무부총리가 확실시되고 있다.

가장 큰 관심은 역시 1인자 시진핑이다. 시진핑은 제18차 전국대표대회에서 총서기로 선출되고 국가주석직은 2013년 봄에 이양받는다. 이렇게 되면 향후 10년간 중국을 이끄는 중심이 된다.

시진핑은 국무원 부총리를 지낸 시중쉰의 아들로 다른 경쟁자에 비해 정치적 업적이 크지는 않지만 인화를 중시하는 인물로 알려져 있다. 중국 역사의 위인 가운데서도 진시황이나 한무제, 당

태종 같은 이들보다 유방, 유비 등을 좋아한다고 한다.

리커창은 중국 최고 명문인 베이징 대학에서 법학과를 졸업하고 뒤에 경제학 박사학위를 받은 엘리트로서 명석한 두뇌와 철저하게 자기관리 그리고 정치력을 겸비했다는 평가를 받는다.

이에 따라 시진핑 주석, 리커창 총리의 쌍두마차가 이끌 중국의 일거수일투족에 세계의 눈과 귀가 쏠려 있다. 장쩌민은 때를 기다리면서 힘을 키우는 '도광양회(빛을 감추고 밖에 비치지 않도록 한 뒤 어둠 속에서 은밀히 힘을 기른다)'를 택했고 후진타오는 '대국굴기(대국으로 우뚝 일어선다)'의 막을 열었다. 시진핑, 리커창이 도광양회와 대국굴기 중 어떤 노선을 택할지, 어떤 정책을 펼칠지 주목된다.

그러나 시진핑, 리커창의 앞날은 결코 밝지 않다. 지난 30년간 공산당이 주도하는 중국식 자본주의를 바탕으로 미국과 어깨를 견주는 G2(주요 2개국)의 반열에 올랐지만 고도성장에 따른 부작용과 폐해가 안팎에서 드러나고 있다.

현재 중국에서는 빈부격차가 갈수록 심해져 소득분배와 복지에 대한 요구가 높아지고 있다. 특히 동부지역에 편중된 발전으로 지역 간 갈등이 심각하고 민족분쟁의 가능성은 늘 열려 있다. 공산당과 중앙정부, 지방정부 공직자의 비리 및 부패도 여전하고 민주주의를 요구하는 목소리도 커지고 있다. 미국, 유럽 등 국제사회에서는 중국이 경제규모와 국제적 지위에 걸맞게 민주주의와 인권보호에 나서야 한다고 압박하고 있다.

또한 미국은 나 홀로 성장해온 중국에 위안화의 평가절상을 강력히 요구하고 있다. 중국을 지탱해온 노동력도 2001년에 이미 65세 이상 고령자 비율이 7퍼센트를 넘어섰고 2016년 이후부터는 노동인구가 줄어들 가능성도 제기된다. 노동력 감퇴는 중국 경제성장 걸림돌의 최대 요인이 될 수 있다.

재스민 혁명, 아랍의 봄, 월가의 시위가 중국에 번질 가능성도 있다. 노동자, 사회취약계층의 불만은 커지고 있고 고등교육을 받은 중산층, 이미 막대한 부의 권력을 쥔 부유층, 여기에 인터넷과 SNS 등 새로운 미디어의 출현은 분노를 전국적으로 폭발시키고 삽시간에 전염시킬 수 있는 시한폭탄이다. 중국이 경제성장의 중심축을 투자와 수출 위주에서 복지와 내주(內住) 위주로 바꾸었으나 이를 전환하는 과정에서 성장통을 겪을 수 있다.

이러한 여러 변수를 감안해도 국제사회에서 중국이 10년 뒤, 20년 뒤에 세계 슈퍼파워로 성장할 것을 의심하는 나라는 없다. 풍부한 자원과 노동력, 경제규모, 외환보유고, 군사력, 기술수준, 내수시장, 산업의 발전 속도 등을 감안하면 아시아의 맹주에서 진정한 세계의 맹주로 거듭날 수 있다.

중국이 양적 성장과 질적 성장을 동시에 이뤄 나가면 우리나라를 비롯한 주변국들의 중국에 대한 의존도는 더 높아질 것이다. 한반도의 미래가 어쩌면 남한과 북한이 아닌 중국, 미국 등 주변 열강에 의해 좌우되는 신(新) 구한말이 재현될 수도 있다는 최악의 시나리오도 가정할 수 있다.

따라서 우리나라는 시진핑 시대를 맞아 향후 10년간 한·중관계가 어떻게 전개되고 정치, 경제, 외교, 문화 등 다방면에서 협력을 어떻게 진행해야 할지 고민해야 한다.

중국과 미국이 패권다툼을 하는 과정에서 우리가 누구 편을 들어야 하느냐는 선택의 시기도 올 것이고 두 나라의 헤게모니 싸움에서 배제될 수도 있다. 여전히 경색 국면의 남북관계에서 중국의 역할은 더더욱 중요하다. 2013년이 되면 한국의 새 대통령, 중국의 시진핑, 북한의 김정은이 마주할 수도 있다.

중국과 미국의 환율전쟁이 벌어져 달러와 위안화의 변동 폭이 커질 상황에 대비해 두 나라의 무역에 상당 부문을 의존하는 우리나라는 환율의 급등락과 이에 따른 대책을 사전에 마련해야 한다.

정치권은 물론이고 정부부처, 기업, 경제단체들은 시진핑, 리커창 등 중국 차기 지도부와 교류를 강화해야 하고 그러면서도 중국 내 반한감정이 나타나지 않도록 노력을 기울여야 한다.

시진핑의 임기가 끝나는 2021년 7월 1일에는 중국 공산당 창당 100주년이 되는 해이다. 이때 중국은 세계 초강대국이 될 수도 있고, 아니면 성장과 안정의 두 마리 토끼를 못 잡고 아시아의 맹주에 그칠 수도 있다. 시진핑의 중국 시대에 우리나라가 가야 할 길은 무엇인지 한국의 현재 지도자들과 차기 지도자들, 기업가들은 깊이 고민할 필요가 있다.

**11월**
*November*

# 미국 선거의 결과가 우리나라에 미칠 파장

오바마 미국 대통령이 2008년 미국 제44대 대선에서 '우리는 할수 있다(Yes, We Can)'라는 슬로건을 내세우면서 '변화(Change)'를 외쳤다. 당시 2007년 서브프라임 사태로 촉발된 금융위기의 한복판에서 우왕좌왕하며 어쩔 줄을 모르던 미국인들은 변화를 외친 오바마를 선택했다. 오바마는 공화당 소속 부시 대통령의 8년 집권에 종지부를 찍었고 미국 건국 232년 역사상 최초의 흑인대통령이자 역대 최고 득표로 대통령에 취임했다.

그로부터 4년이 지난 지금 오바마를 향한 미국인들의 시선은 싸늘하다. 2009년 사상 최대인 1조 4,200억 달러를 기록했던 재정적자는 2010년에 줄다가 2011년에 다시 증가해 1조 2,090억 달러에 이르렀고 실업률은 9퍼센트에서 좀처럼 내려올 기미가 없다. 국제

신용평가기관들이 미국의 신용등급을 잇달아 하향 조정했으며 재정적자가 계속될 경우 더 내릴 수 있다고 경고하고 있다.

오바마의 '할 수 있다'는 슬로건은 퇴색됐고 긍정적인 변화를 갈망하던 미국인들의 바람은 꺾여버렸다. 취임 초 70퍼센트에 이르렀던 오바마의 지지율은 40퍼센트대로 내려갔다. 오바마가 그나마 손에 쥔 것이라고는 국제평화에 기여하라는 기대를 담아 준 노벨평화상, 그리고 오사마 빈 라덴의 시신뿐이라는 비아냥거림마저 나오고 있다.

미국 대통령선거가 예정된 2012년 11월까지 오바마 대통령이 강한 미국을 재건하기는커녕 경제라도 제대로 살려내지 못한다면 재선가도에 적색등이 켜질 수밖에 없다. 지금 오바마 대통령에게 가장 필요한 우군은 경제위기의 탈출구를 찾을 재무부장관도, 통화·금리 정책의 열쇠를 쥔 연방준비제도이사회 의장도 아닌 제임스 카빌 같은 탁월한 선거 전략가일지도 모른다.

제임스 카빌은 1992년 대선에서 빌 클린턴 민주당 대선후보에게 역사상 최고의 대선 슬로건인 '문제는 경제야, 바보야(It's the economy, stupid)'를 만들어줘 아칸소 주 주지사였던 클린턴에게 백악관의 오벌 오피스(oval office, 미국 대통령 집무실)를 안겨준 주인공이다.

우리나라에도 50년 이상 회자되고 있는 강력한 캠페인 구호가 있다. 바로 '못 살겠다 갈아보자'다. 먹고사는 문제를 해결하지 못하는 정권을 교체해야 할 당위성과 필요성을 가장 함축적으로 담은 구호라는 평이다. 아랍·북아프리카에서 번진 아랍의 봄을 촉발시킨 민주화 시위의 이면에도, 그리스·이탈리아·포르투칼·스페인 등 재정위기를 겪은 유럽의 주요 나라에서 정권교체가 이뤄진 것도 모두 바로 먹고사는 문제가 해결되지 못해서였다.

오바마 대통령이 재선을 위해 꺼내든 카드는 다시 경제가 될 수밖에 없다. 하지만 막대한 재정적자와 고실업, 저성장에서 탈출구를 마련하기는 어렵다. 이미 두 차례에 걸쳐 대규모로 양적 완화(달러 공급 대폭 확대)를 했지만 가시적인 효과를 얻지 못한 채 달러 약세를 야기했고 이는 전 세계 나라들의 환율 변동 폭을 키워 환율전쟁을 일으켰기 때문이다.

이 같은 한계와 약점에도 오바마의 재선가도가 암울하기만 한 것은 아니다. 무엇보다 오바마에 대적할 만한 경쟁자가 아직 없다. 공화당에서는 미트 롬니 전 매사추세츠 주 주지사가 강력하지만 모르몬교도에다 재산이 수억 달러에 이르러 미국의 주축인 개신교도들과 서민들의 거부감이 큰 것으로 알려졌다. 한때 유력한 주자로 떠오른 허먼 케인 전 갓파더스 피자 최고경영자는 성추문 스캔들로 사실상 대권 꿈을 접었다. 그래서 롬니 전 주지사와 다른 주자의 양자대결에서 공화당 대선후보가 나올 것이라는 관측이 지배적이다.

미국만의 독특한 선거문화와 정치일정도 오바마가 숨 고르기를 한 후 공화당에 대한 대응 및 민심을 다독일 만한 카드를 준비할 수 있는 시간이 된다. 미국의 대선과정은 민주당과 공화당의 대선

후보 선출을 위해 1~6월 동안 주(州)별 코커스(caucus, 당원대회) 또는 프라이머리(primary, 예비선거)를 거치고 9월에 대선후보 추대를 위한 전당대회를 한 다음 대통령 선거(11월 6일)를 진행한다.

미국의 대선제도는 우리의 직접선거와 달리 간접선거제이다. 대선 당일 유권자들은 각 주별로 개설된 투표장에서 한 표를 행사하지만 여기에서는 대통령을 직접 뽑는 것이 아니라 특정 후보를 지지하는 선거인단을 선출한다. 50개 주는 인구비례에 따라 선거인단 수가 다르며 한 표라도 더 많이 얻은 후보가 그 주(州)의 선거인단을 모조리 차지한다. 이 때문에 선거인 수가 많이 배당된 주에서 승리하는 것이 중요하다. 선거인단 총수는 538명은 각 주에 2명씩 배당된 상원의원 100명과 인구비례로 배정된 하원의원 435명, 수도 워싱턴에서 나오는 3명을 합한 숫자이다. 대통령에 당선되려면 선거인단의 과반수인 270표 이상을 득표해야 한다.

2010년 11월 공화당의 중간선거 승리가 오바마에 도움이 된다는 분석도 있다. 로널드 레이건과 빌 클린턴 전 대통령은 각각 재임 당시인 1982년, 1994년에 치렀던 중간선거에서 패배해 의회 다수당의 지위를 상대 당에 넘겨줬다. 하지만 1984년과 1996년 대선에서 각각 연임에 성공했다.

미국의 대통령선거는 미국만의 문제가 아니라 한미관계는 물론, 한반도 정세에도 지대한 영향을 미친다. 한미 정상인 오바마와 이명박 대통령은 한미관계를 좀 더 긍정적으로 만들었다는 평가가 많다.

보호무역을 강조해온 공화당이 대선에 승리해도 한미 우호관계는 단숨에 깨지기는 어렵다. 하지만 공화당은 대북정책에 강경노선을 택해 남북관계에 변수가 된다. 또한 12월에 치러지는 우리나라 대통령선거에서 보수, 진보, 중도 등 어느 진영에서 대통령이 선출되느냐에 따라 상황은 달라진다.

　한편에서는 오바마든, 공화당 후보든 새 미국 대통령이 자국의 경제위기를 타파하기 위해 미국산 상품의 구매에 압력을 높이고 주한미군에 대한 국방비 분담을 더 요구하면서 대북정책 기조를 바꿀 경우에는 상황이 복잡해진다며 우려하고 있다. 특히 오는 10월로 예정된 중국 지도부의 교체로 시진핑 주석, 리커창 총리 체제가 출범하고 미국과 중국 사이에 무역적자와 환율문제 등으로 분쟁이 발생하면 우리의 대중국·대미 무역의 경제적 영향은 물론 한반도의 지정학적 위기가 고조될 가능성도 높다.

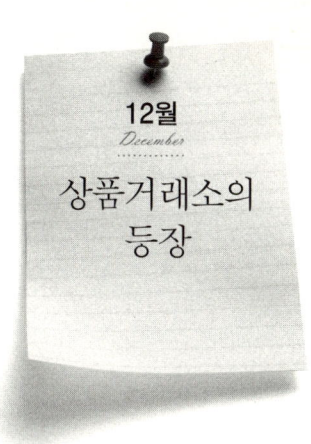

**12월**
*December*

상품거래소의
등장

금값이 말 그대로 금값이다. 자고 일어나면 뛰고 자고 나면 또 뛴다. 1돈(3.75그램)에 5만 원, 10만 원이면 구매할 수 있었던 돌반지가 20만 원을 넘어 30만 원 시대를 바라보고 있다. 그런데도 금값이 더 오른다고 한다. 이처럼 금 가격이 상승하게 된 가장 큰 원인은 미국을 포함한 주요 선진국들이 경기를 부양하기 위해 돈을 대규모로 찍어냈기 때문이다. 시장에 달러가 대량으로 방출되면서 돈 가치가 떨어지자 대표적인 실물자산인 금으로 자금이 몰렸다는 얘기다.

금이 더 오를 것으로 예상되다 보니 주식보다 금 투자가 늘고 있다. 금과 관련된 투자상품으로는 금펀드, 골드 ETF(상장지수펀드), 금통장, 금 가격과 연동된 DLS(파생결합증권) 등이 있다. 하지만 어떤 투자도 원금이나 소정의 이자를 보장해주지 않는다. 순전히 투자자의 몫이다. 가장 편리하게 금을 사두면 어떨까 싶지만 시중에서 골드바를 사면 고시가격의 10퍼센트를 부가세로 내야 한다. 10퍼센트 이상 올라야 하는데 금값이 국제 시세에 따라 달라지니 환율변동에 따라 손해를 볼 수도 있다.

금만 오르는 것이 아니다. 유가도 뛰고 배추, 무, 고기, 광물 등 원자재가격도 심상치 않다. 이런 모든 것을 국제시장에서는 상품(commodity)이라고 부르는데 금, 농산물, 광물 등 다양한 상품을 선물이나 현물 형태로 거래하는 것이 바로 상품거래소다. 선물시장, 선물거래소라고도 한다. 상품거래소는 금융거래소와 달리 실체가 있는 상품을 기반으로 하기 때문에 거래상품과 단위, 시간 등이 표준화·규격화되어 대량으로 유통되는 시장이다.

전 세계 3대 상품거래소로는 미국 시카고(농산물), 뉴욕(원유), 영국 런던(비철금속)이 꼽힌다. 시카고상품거래소는 세계 최초이자 최대의 선물거래소다. 1848년 4월에 미국 시카고에 설립된 이래 곡물 중심의 선물거래를 주로 취급하면서 현재 전 세계 곡물선물거래량의 80~85퍼센트를 점하고 있다. 뉴욕상품거래소는 중유, 원유, 천연 가스, 휘발유 등 에너지 제품을 주로 취급한다.

우리나라에는 금선물, 돈육선물과 같은 파생상품은 있지만 해외와 같은 상품거래소는 없었다. 그런데 국내에서도 실물상품을 주식처럼 사고팔 수 있는 상품거래소가 2012년 혹은 2013년에 설립된다. 정부는 우선 금 거래부터 시작하고 2014년까지 원유·석유, 농산물로 확대한다는 계획이다.

금을 먼저 추진하는 이유는 금의 유통구조가 가장 낙후되었다고 판단해서다. 실제로 우리나라는 연간 전체 금의 유통량이 120~150톤(약 5조 원)에 이르는 것으로 추정되는데 밀수, 무자료 거래 등 음성시장이 60~70퍼센트를 차지한다.

금 거래소가 생기면 공급자에서 소비자까지 3~4단계를 거치던 구조가 거래소 중심으로 단순화된다. 금 정보가 공개되니 수요자가 더 싸게 살 수 있는 구조로 변화되는 것이다.

금거래소의 규제·감독 체계와 관련해서는 금융위원회와 기획재정부, 지식경제부, 국세청 등 현물소관부처가 협조해 자본시장 인프라로 감독한다. 금 제련·정련업자, 금지금(순도 99.5퍼센트 이상의 원재료 형태의 금) 수입업체는 금 매도자로 한국예탁결제원에 금을 예탁한다. 그러면 금 세공업자나 산업체, 개인투자자 등 매수자가 한국거래소에 마련된 금거래소에서 살 수 있다. 거래 대상은 정부가 지정한 품질인증기관이 인증한 금지금(금괴)이다. 거래 단위는 1킬로그램, 100그램, 50그램 등으로 구분된다. 현물인수의 최소 단위는 100그램이다. 거래되는 금의 순도는 품질인증기관에서 인증받은 순도 99.0퍼센트, 99.5퍼센트, 99.95퍼센트, 99.99퍼센트 등으로 규격화된다.

금 거래를 활성화하기 위해 거래수수료와 예탁·보관수수료, 거래소 금지금 부가가치세가 한시적으로 면제되고 금거래소로 공급되는 수입 금지금에는 관세율이 기존 3퍼센트에서 1퍼센트로 낮취 적용된다. 금거래소를 이용할 경우 업체의 거래액이 투명하게 노출되는 점을 감안해 한시적으로 법인세(또는 소득세)의 일부를 공제해준다. 그 대신 음성적인 금 거래에는 과세관리가 강화된다.

금거래소가 도입된 다음에는 석유와 곡물거래소를 2013년 이후에 도입할 것을 추진하고 있고, 2015년 이후에는 뉴욕상품거래소처럼 독립적인 종합상품거래소의 설립이 예정돼 있다.

석유거래소의 경우 현재 국내 휘발유의 가격은 싱가포르 국제시장에서 거래되는 제품가격을 기반으로 정유사들이 일방적으로 가격을 결정해왔다. 정유사가 마진을 붙여 대리점에 공급하면 대리점은 다시 마진을 붙여 주유소에 공급하고 주유소는 여기에 마진을 더해 소비자에게 판매한다.

석유거래소가 만들어지면 정유사 같은 석유공급사와 수요자가 거래소를 거쳐 거래하게 된다. 정부가 저렴하게 기름을 공급하겠다는 알뜰주유소라는 모델을 보면 이해하기 쉽다. 알뜰주유소는 한국석유공사와 농협주유소가 공동구매로 낮은 가격에 석유제품을 공급받고 셀프화, 사은품 미지급 등으로 낮은 가격에 석유제품을 판매하는 주유소다.

석유공사가 농협중앙회와 함께 연간 휘발유, 경유 등 유통물량의 최소 6퍼센트가량을 경쟁 입찰하면 정유사들이 싸게 입찰하는데 그렇게 되면 기름을 알뜰주유소에 참여한 주유소에 마진을 아주 적게 두고 준다는 것이다. 정부는 기존 정유사의 간판을 단 주유소에 비해 리터당 최소 70원 이상은 저렴할 것으로 보고 있다.

하지만 거래소의 설립이 말처럼 쉽게 되기는 힘들다. 금거래소의 경우 금의 중간수요처인 귀금속업계가 자신들을 배제하고 과도한 세제혜택을 준다고 반발하고 있다. 석유거래소의 경우에는 과거에도 비슷하게 추진을 검토했지만 시장참여자가 적어 무산된 적이 있다.

거래라는 것이 파는 사람은 싸게 사서 비싸게 팔고 사는 사람은 싸게 사길 바란다. 국제유가가 오르는 추세라면 파는 사람은 비싸게 사도 비싸게 팔 수 있고 사는 사람은 더 비싸기 전에 살 수 있다. 그런데 유가가 하락하는 추세라면 상황이 달라진다. 파는 사람은 싸게 사서 더 싸게 팔 수 있다. 사는 사람은 굳이 거래소에서 살 필요를 느끼지 못한다.

거래소의 거래규모가 크고 참여자들이 전 세계에서 참여한다면 사정은 다르다. 각국마다, 각 당사자마다 처한 상황과 이해관계가 다르기 때문이다.

상품거래소의 등장이 국내 유통에 어떤 변화를 만들 것인지 꾸준히 지켜봐야겠다.

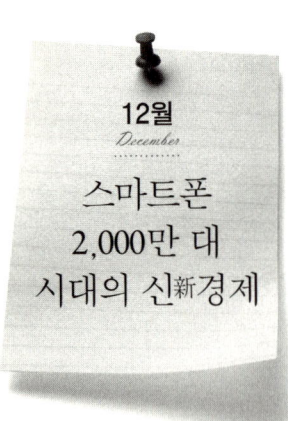

12월
December

스마트폰
2,000만 대
시대의 신新경제

"휴대전화는 통화할 때 안 끊기고 문자만 잘 오면 그만이지. 그리고 인터넷을 하고 싶으면 컴퓨터에서 하면 되지, 굳이 조그만 휴대전화기로 뭘 할 수 있겠나?"

애플의 아이폰이 국내에 들어오고 삼성전자에서 갤럭시S 스마트폰이 나왔을 때 필자가 했던 말이다. 갤럭시 첫 모델을 구입해 지금까지 사용해온 스마트폰 이용자로서 생각해보면 그 당시에 스마트폰의 엄청난 위력을 너무 몰랐다.

2010년 초까지만 해도 주위에서 스마트폰을 들고 다니는 사람은 10명 중 한두 명밖에 없었지만 지금은 10명 중 7, 8명은 넘는다. 필자는 통화와 문자, 카카오톡을 자주 이용한다. 또 페이스북, 트위터는 물론 인터넷 검색과 게임, 음악, 영화, TV를 스마트폰으로 즐긴다. 밖에 나가면 대중교통 정보와 지도 서비스를 자주 사용한다. 타야 할 버스, 지하철이 현재 어디에 있고 언제 오는지 알 수 있어 이동이 많은 필자에게는 매우 효율적이다. 지도 서비스는 나의 현재 위치와 목적지를 지도에서 정확히 찾아준다.

이렇듯 스마트폰이 우리의 삶으로 들어오면서 업무, 일상생활 등 모든 것을 바꿔놓았다. 방송통신위원회와 인터넷진흥원이 2011년 7월에 스마트폰 이용자 4,000명을 상대로 조사한 결과를 보자.

'스마트폰을 언제 이용하는가?'라는 질문에 음식을 주문한 후, 영화 시작하기 전 등 '무언가를 기다릴 때(63.8퍼센트)'에 주로 스마트폰을 이용하는 것으로 나타났다. '차량 이동 중(59.1퍼센트)', 학교 또는 회사에서 '휴식이나 점심시간(55.1퍼센트)'에 스마트폰을 이용하는 경우도 과반수였다.

스마트폰 이용자의 88퍼센트가 스마트폰으로 '정보검색 또는 일반적인 웹서핑'을 했다. '알람시계(85.4퍼센트)', '음악 듣기(80.5퍼센트)', '채팅과 메신저(79.6퍼센트)', '달력, 일정관리(78.2퍼센트)', '게임, 오락(70.4퍼센트)', '지도 서비스(70.4퍼센트)', '대중교통정보확인(69.5퍼센트)', '날씨(67.2퍼센트)', '이메일(65.5퍼센트)', '동영상 보기(64.5퍼센트)', '연락처, 명함(56.2퍼센트)' 등으로도 이용했다. 이제 생활과 스마트폰은 떼려야 뗄 수 없게 됐다.

최근 1개월 이내에 모바일 애플리케이션을 내려받은 경험이 있는 스마트폰 이용자는 76.6퍼센트에 이르렀다. 10명 중 4명은 유료 모바일을 구입할 때 월평균 5,000원 이상 지출한다고 한다.

2009년 11월 말 아이폰이 들어올 때 스마트폰 가입자는 47만 명에 불과했는데 이후 스마트폰의 출시가 본격화되면서 2011년 10월 말 가입자가 2,000만 명을 넘었다. 2012년 상반기 중에는 스마트폰 보급이 3,000만 대를 넘어서고 2012년 말에는 세계 최고 수준의 보급률을 달성할 것으로 예상된다.

산업적 측면에서 보면 지금까지 삼성전자와 LG전자, 팬택 등 단말기의 하드웨어업체가 장악해온 시장의 판도가 스마트폰의 등장으로 소프트웨어 쪽으로 넘어갔다.

휴대전화로 먹고사는 기업, 사람도 달라졌다. 무엇보다 애플이 아이폰에서 시작한 온라인장터 앱스토어(App store, 다양한 애플리케이션을 누구나 자유롭게 사고파는 온라인 장터)가 새로운 시장, 신(新)경제를 창출했다. 앱스토어는 애플이 아이폰에서만 사용하는 고유명사이지만 지금은 구글 운영체제의 온라인 장터인 안드로이드마켓, SK텔레콤의 온라인 장터인 T스토어를 통상 앱스토어라고 한다. 애플리케이션은 컴퓨터에서 필요한 여러 전용프로그램이 스마트폰 속에서 구현되는 것을 말한다. 개인이든 기업이든 누구나 개발하고 등록할 수 있고 무료나 유료로 공개할 수 있다. 유료의 경우 개발자와 통신사나 휴대전화제조사가 보통 7(개발자)대 3으로 수입을 나눈다.

2011년 9월 기준 애플 앱스토어에 등록된 애플리케이션은 대략 60만 개이며 구글 안드로이드마켓은 30만 개로 파악됐다. 앱스토어 매출에서는 애플이 전체의 80퍼센트가량을 차지해 압도적인 1

위를 유지하고 있다. 애플의 앱스토어 매출액은 2010년 17억 8,300만 달러이고 2011년에는 20억 달러가 넘어설 것으로 알려졌다.

이처럼 언제 어디서나 원하는 정보를 쉽게 찾을 수 있다는 스마트폰의 매력은 광고시장에서 신천지가 된다는 것을 의미한다. 전 세계 스마트폰 가입자는 2011년 말에 8억 명을 돌파했으며 인터넷 검색의 절반이 스마트폰에서 이뤄진다. 검색과 광고시장은 해마다 2, 3배로 커지고 매출도 2015년에는 연간 200억 달러 시장으로 부상한다. 구글이 스마트폰의 운영체제인 안드로이드를 무료로 개방한 것은 바로 이 검색과 광고시장을 장악하기 위해서다.

스마트폰은 IT산업에 새로운 모멘텀을 촉발시키면서 시장을 스마트폰 중심으로 재편시켰다. 스마트폰이 모든 기능을 하면서 동영상과 음악을 듣는 기기들, 업무용·휴대용 기기, 내비게이션 등의 수요는 줄었다.

컴퓨터에서 하던 검색, 이메일, 게임, 문서작업, 업무도 스마트폰 혹은 태블릿 PC로 대체되고 있다. 스마트폰 단말기와 통신서비스와 관련한 애플리케이션, 장비, 부품소재, 콘텐츠 등의 경쟁이 치열해지고 자동차, TV, 금융, 의료, 유통 등 다른 산업으로 스마트폰 열풍이 확산되면서 스마트폰 혁명은 점차 눈앞에 펼쳐질 것이다.

스마트폰 보급이 확산되면서 IT라는 말이 저물고 스마트라는 말이 정치, 경제, 사회, 문화 등 전 방위에서 등장했다. 스마트폰은 현재 정치, 경제, 사회, 문화 등 전 분야에 영향을 미치고 앞으로도 그럴 것이다.

　장차 얼마만큼 커질지 파악이 안 될 이 스마트폰 시장에 하루라
도 빨리 뛰어들어 새로운 비즈니스 기회를 찾아야 한다.

# 디지털 방송 시대가 몰고 올 미디어산업의 변화

2012년 12월 31일 새벽 4시가 되면 우리나라 전 지역에서 모든 지상파의 아날로그 방송[KBS1, KBS2, MBC, SBS(지역민방 포함), EBS 5개 채널만을 개별 안테나 혹은 공동주택 수신 설비로 직접 수신해 시청하는 방송]을 볼 수가 없다. TV에 내장된 안테나나 아파트 등 공동주택에 설치된 공시청 안테나(공동주택에 설치돼 있는 공동시청설비를 위성방송이 이용하는 시스템으로 건물 옥상에 설치한 위성방송 수신용 안테나를 이용해 방송신호를 받은 뒤 실내에서는 유선으로 신호를 분배해주는 방식)로 TV 주파수를 잡아서는 TV를 볼 수 없게 된다.

2013년부터는 디지털 방송만 나오기 때문에 기존 아날로그 TV로 지상파방송을 수신하는 가구가 디지털 방송을 보려면 디지털

TV로 교체하거나 디지털컨버터를 설치해야 한다. 디지털 방송은 말 그대로 방송사가 방송신호를 컴퓨터처럼 0, 1과 같은 디지털 부호로 바꿔 송출한 것을 디지털 TV로 시청하는 것을 말한다. 케이블 TV, 위성방송, IPTV 등 유료방송을 보는 가구는 아날로그 방송이 종료되더라도 해당 유료방송사에서 준비하기 때문에 방송을 보는 데 지장이 없다. 다만 디지털 방송을 제대로 즐기기 위해서는 디지털 TV를 구비하고 디지털 상품에 가입해야 한다.

우리나라가 추진하고 있는 디지털 방송 전환을 미국은 2009년 6월에 이미 끝마쳤다. 2012년 말이 되면 OECD 33개국 중 우리나라를 비롯한 28개 나라가 디지털 전환을 마치게 된다. 전 세계가 TV 방송의 디지털 전환을 서두르는 이유는 시청자는 물론 관련 산업과 경제적 효과가 매우 크기 때문이다.

무엇보다 TV를 깨끗하게 보고 다양하게 이용할 수 있게 된다. 우리나라처럼 산악지형이나 인공구조물이 많은 전파환경에서 아날로그 방송은 음향에 잡음이 섞이고 화면이 겹쳐 보이는 현상이 생겨 시청에 어려움이 많았다. 그러나 디지털 방송은 우수한 전파 특성으로 난시청 지역이 축소된다. 또한 기존 아날로그 방송의 5~6배에 이르는 선명한 고화질(HD) 영상과 소리의 현장감을 극대화해주는 5.1채널음향으로 시청과 청취할 수 있으며 TV로 증권·교통 등 일반적인 정보는 물론, 시청 중인 TV 프로그램과 관련된 정보를 얻을 수도 있다.

0과 1로 이루어진 디지털 신호는 많은 양의 정보를 보낼 수 있게 해주는 데다 그래픽이나 문자 등을 표현하기 쉽게 해준다. 따라서 방송사는 각종 정보를 '데이터 방송'이라는 형태로 보낼 수 있다.

디지털 방송은 제도적인 문제가 해결되면 하나의 채널을 여러 개의 작은 채널로 쪼갤 수 있다. 이를 멀티캐스팅(Multicasting)이라고 하는데 기존 지상파 방송사에 할당된 6메가헤르츠에서 디지털 기술발전에 따라 '추가채널'을 활용할 수 있다. 6메가헤르츠에서는 19.3메가비피에스(초당 19.3메가바이트)의 데이터 전송속도가 가능한데 HD방송은 13~15메가비피에스 정도의 공간을 필요로 한다. 따라서 나머지 3~6메가비피에스의 공간에서 HD화질보다 낮은 저화질(SD) 방송이나 데이터 방송 등을 할 수 있다.

방송업계에서는 디지털 방송으로의 전환을 과거의 컬러 TV 등장이나 초고속 인터넷 도입, 휴대전화의 탄생에 비견할 만한 사건으로 보고 있다. 특히 흑백 TV에서 컬러 TV의 전환은 사회 전반에 혁명적인 변화를 몰고 왔는데 디지털 방송은 '컬러 TV 등장의 100배 이상 효과'라는 평가가 많다.

시청자는 아날로그 방송에 비해 5배 이상 선명한 화질과 3D 등 새로운 콘텐츠 및 다양한 부가서비스를 즐길 수 있다. 드라마에 등장하는 주인공의 의상을 클릭하면 관련 상품 정보를 보고 바로 구매할 수 있고 영상통화, 인터넷도 가능하며 영화를 볼 때 한국어, 영어, 중국어 등 다양한 언어로 자막을 볼 수 있다.

자연스럽게 소비자들이 선택할 디지털 TV 관련 제품 시장이 커진다. 좀 더 좋은 음향을 즐기기 위해 홈시어터 산업이 커지고 전화, 인터넷, 디지털 TV, 여기에 냉장과 세탁기, 보일러 등을 원격으로 조정할 수 있는 홈네트워크 사업 등이 발전된다.

디지털 TV의 수요가 늘어나면 드라마, 뉴스, 교양, 오락, 영화 등 모든 콘텐츠가 HD급 혹은 3D로 제작되니 제작 관련 사업의 시장도 커진다. 방송국, 종편, 케이블채널, 위성방송, 인터넷 TV 사업자, 디지털 방송 장비업체, 디지털 TV 제조업체와 관련 업체, 드라마 · 영화 · 음악 · 출판 등 콘텐츠 관련 업체들이 수혜를 입게 되고 고용도 활발하게 이뤄질 것이다.